바흐, 신학을 작곡하다

바흐,
신학을 작곡하다

강일구 지음

머리말

인간의 삶에서 종교와 음악은 떼려야 뗄 수 없습니다. 알수록 신비한 융합입니다. 요한 세바스찬 바흐의 음악을 살펴보면 그의 신앙이 보이고, 그의 신앙을 살펴보면 그의 음악이 보입니다. 한마디로 바흐는 신학을 작곡했습니다. 동시에 그는 음악을 신학의 전당에 올렸습니다. 신학과 음악을 조화롭게 융화했던 인물, 그가 바흐라는 것이 제 생각입니다.

저는 신학도로서 클래식을 재즈화한 음악을 좋아합니다. 특히 자크 루시에(Jacques Loussier), 레이 케네디 트리오(Ray Kennedy Trio)나 클로드 볼링(Claude Bolling)의 재즈가 좋습니다. 그런데 바흐의 곡들은 재즈로 편곡하기 쉬운데 베토벤의 곡들은 그렇지 않은 것 같습니다. 어느 음악가는 바흐의 음악이 시스템보다는 음악적 기본에 충실해서 그럴 것이라는 견해를 밝혔습니다. 그 말이 맞다면 제가 좋아하는 재즈는 바흐의 바로크 음악 토대 위에 있는 것이 됩니다. 모던 재즈를 이해하기 위해 옛 바흐에게 돌아가야 하는 것, 즉 현재를 위해 과거로 돌아가는 것, 새로운 것을 만들어 내기 위해 근본이 되는 것으로 돌아가 다시 시작하는 것이 필요합니다. 이런 뜻을 잘 표현하는 라틴어 단어가 있습니다. "아드 폰테스(*ad fontes*)"라는 말인데 근원으로 돌아가야 한다는 의미입니다.

바흐를 보면 그는 마치 성지를 순례하듯이 근원으로부터, 성서로부터, 복음의 핵심으로부터 한 걸음 한 걸음 따라 걸으면서 옛것에 머물지 않고 새로운 길을 만들어 나간 인물입니다. 바흐에게서 이것을 배우고 싶은 것입니다. 음악과 신학의 창조적 융합! 옛 시대와 새 시대의 창조적 융합! 우리가 바흐의 〈마태수난곡〉 작곡발표회에 초대받아 이 신비롭고 창조적인 융합을 함께 경험하고 배울 수 있다면 그만한 기쁨이 없을 것입니다.

 이 소책자가 출판되기까지 논문의 형태로 발표된 내용을 독자들이 알기 쉽게 풀어쓰고 딱딱한 단어도 부드럽게 교정해 주신 호서대학교의 현우식 교수님과 서울신학대학교 오희천 교수님께 감사드립니다. 또 이처럼 멋진 책으로 만들어 주신 도서출판 동연의 김영호 대표님께도 감사를 표합니다.

2012년 3월
강일구

차례

머리말 _005

제1장 왜 바흐의 마태수난곡으로 초대하는가? _009

제2장 바흐의 바로크적 삶, 신앙, 음악세계 _017

제3장 바흐의 신학적 배경과 루터의 영향 _033

제4장 바흐를 위한 고대교회의 유산 _045

제5장 바흐를 위한 중세 안셀름의 신학 _057

제6장 바흐가 이해한 그리스도의 죽음 _071

제7장 바흐의 마태수난곡의 신학적 의미 _091

제8장 바흐의 신학적 연주를 마치며 _115

주 _121
참고문헌(Bibliography) _135

제 1 장

왜 바흐의
마태수난곡으로
초대하는가?

요한 세바스찬 바흐(Johann Sebastian Bach, 1685-1750)는 음악가, 즉 교회음악 작곡가로 잘 알려져 있습니다. 그런데 그가 음악 형식으로 표현하고자 했던 내용들을 잘 살펴보면 기독교 신앙의 핵심인 구원의 메시지를 음악으로 강렬하게 구현하려 했던 것을 알 수 있습니다. 〈마태수난곡〉에 보면 그것이 잘 나타나 있습니다. 더 나아가 바흐는 기독교 신앙의 차원뿐만 아니라 기독교 신학의 차원을 표현한 훌륭한 신학자로도 인식될 수 있지요.[1]

그럼에도 불구하고 왜 학자들은 그를 신학자로 부르기를 주저했을까요? 아마도 그것은 계몽주의(Aufklärung) 영향에

바흐의 초상화

서 크게 벗어나지 못했던 현대주의자(Modernists)의 특징이라고 보면 됩니다.[2]

현대주의자들의 논거에 의하면 '과거'와는 다른 어떤 새로운 것을 창출해야만 학자적인 능력을 발휘한다는 것이고, 신학자의 경우도 예외는 아니라고 생각했기 때문입니다. 바흐를 자세히 들여다보면 사실 '그의 아이디어'에는 세상을 깜짝 놀라게 할 만한 새로운 것이 별로 없었다고 할 수 있지요. 정통적인 루터교의 영향 아래 교회 전통의 맥락에서 벗어나지 않으려는 그의 노력과, 교회의 구원 이해에 대한 깊은 깨달음을 음악으로 표현하려는 그의 노력이 당시의 사람들에게는 받아들여지지 않았습니다. 옛 시대가 지나가고 새 시대의 눈으로 볼 때 바흐에게는 새로운 맛이 없었던 것입니다.

유명한 철학자 헤겔이 바흐 탄생 144주년에 다시 연주된 바호의 〈마태수난곡〉을 들으면서 "이 음악은 신통치 않아"라고 말했던 것도 어쩌면 바흐에게서 새로운 그 어떤 것을 찾지 못했기 때문입니다.[3] 하물며 과거와 단절한 그 어떤 새로운 것을 찾아 헤매는 현대 학자들의 눈에 바흐가 신선하게 나타나지 않을 것은 당연하지요. 그렇기에 바흐에게 '신학자'라는 칭호를 부여할 리가 없는 것입니다.

그러나 바흐는 유능한 신학자로 인정될 수 있습니다. 바흐의 〈마태수난곡〉 가사에 나타난 주제는 분명히 그리스도의 죽음을 속죄의 행위로서 강렬하게 보여주고 있는데, 그것은 4세기 말의 위대한 신학자 나지안젠의 그레고리(Gregory of Nazianzen)가 말했던 '희생자 그리스도'라는 구속 이해와도 다르지 않기 때문입니다. 또한 11세기 위대한 신학자 캔터베리의 안셀름(Anselm of Canterbury)의 '그리스도의 희생'이 보여주는 구속 이해와 다르지 않습니다. 안셀름의 이론은 '만족설'이라고 알려지기도 했습니다.

그렇다면 '승리자 그리스도'를 주장하는 마르틴 루터의 신실한 추종자이며 루터교회의 신자였던 바흐가 어떻게 루터가 공격했던 중세교회의 구속이론을 수용하여 이 〈마태수난곡〉 가사에 반영했을까?

이 의문을 풀기 위해서 1740년대에 처음 등장한 바흐의 〈마태수난곡〉 가사 내용(text)을 살펴보아야 합니다. 그리고

레오 1세

가사가 선택되고 배치된 면면들을 분석하여 〈마태수난곡〉의 가사에 나타난 바흐의 '구원 이해'를 신학적으로 고찰해야 합니다. 이 책에서는 특히 역사신학적 의미를 고찰하고자 합니다.[4]

여기서 '역사신학적 의미'라고 하는 뜻은 새로운 것에 의미를 부여한다는 것이 아니라 오히려 고전적인 신학적 주제의 활성화(Actuallizierung)를 통해 역사적인 그 의미의 본질을 찾아보려는 의도라고 생각하면 맞습니다. 이러한 의도는 이레니우스(Irenaeus)의 경구를 받아서 레린의 빈센트(Vincent of Lérins)나 로마 감독 레오 1세(Leo I)가 발전시킨 "새로운 것을 시작하는 것이 아니고 옛것을 새롭게 한다(*non nova instituentes, sed vetera renovantes*)"는 〈비창조의 신학〉을 염두

에 두고 한 말입니다.[5]

 이 책을 통해서 제가 기대하는 바가 몇 가지 있습니다. 첫째, 이 책에서 저는 바흐가 훌륭한 신학자의 역할을 다하고 있다는 점을 밝히고 싶습니다. 둘째, 기독교 신앙이 흔들리고 있는 오늘의 현실에 〈마태수난곡〉이 표현하는 고전적 주제가 기독교 신앙의 길잡이 역할을 수행할 수 있다고 봅니다. 셋째, 메마르고 화석화되어 가는 기독교 신앙에 〈마태수난곡〉은 영적인 묵상과 깊이를 더해 줄 수 있습니다. 넷째, 교회에서 잊어버렸거나 등한시해 온 교회 예전의 경건함을 재발견할 수 있게 도울 수 있습니다. 다섯째, 복음의 내용으로 돌아가게 해줌으로써 기독교 신앙에 참된 복음의 활력을 되찾아 주는 역할을 할 수 있다고 기대합니다.

 바흐에 대한 일차 자료는 사실 그렇게 많지 않습니다. 예를 들어 『서신과 문서를 통해 보는 요한 세바스찬 바흐의 삶(*The Bach Reader: A Life of Johann Sebastian Bach in Letters and Documents*)』이라는 좋은 책은 우리에게 중요한 자료입니다. 그렇지만 바흐 자신이 쓴 자서전은 없다고 봐야 합니다.[6] 바흐에 대한 동시대 사람들의 증언이 충분하지도 않을뿐더러, 시대적 환경 때문에 바흐의 개인적 성격이 감춰지고, 인간 바흐의 있는 그대로의 모습은 잘 알려져 있지 않습니다. 그래서 애버딘 대학의 테리(Terry) 교수는 바흐의 작품이 곧 그의 자

서전이라고까지 말하기도 합니다.[7]

저는 바흐의 〈마태수난곡〉 텍스트를 기본 자료로 삼고 논리적으로 탐구해 보려고 합니다. 이 책에서 사용한 〈마태수난곡〉의 텍스트는 다음의 자료를 사용했음을 밝혀 둡니다.

J. S. Bach, *Neue Ausgabe sämtlicher Werke*, herausgegeben vom Johann-Sebastian-Bach-Institut Göttingen und vom Bach-Archiv Leipzig, Serie II: Messen, Passionen und oratorische Werke, Band 5, *Matthäus-Passion*, herausgegeben von Alfred Dürr, Bärenreiter, Kassel 1972.

제 2 장

바흐의 바로크적 삶, 신앙, 음악세계

요한 세바스찬 바흐(Johann Sebastian Bach)는 1685년 3월 31일 바르트부르크(Wartburg) 부근의 아이제나흐(Eisenach)에서 아버지 요한 암브로시우스 바흐(Johann Ambrosius Bach)와 어머니 엘리자벳 램머히르트(Elizabeth Lämmerhirt) 사이에서 태어났습니다. 바흐는 열다섯 살 되던 해 뤼네부르크(Lüneburg)의 성 미가엘(St. Michael) 교회에서 성가를 불렀으며 바이올린을 연주했다고 합니다. 열아홉 살 되던 1704년에는 아른슈타트(Arnstadt)에 있는 교회의 오르간 연주자로 봉사했습니다.[8] 그리고 1707년에는 뮐하우젠(Mühlhausen)에 있는 성 블라시우스(St. Blasius) 교회의 오르

바흐의 아버지 요한 암브로시우스 바흐의 초상화

간 주자로 잠시 봉사했습니다.

1708년에 바흐는 바이마르(Weimar) 공국의 궁전 오르간 주자 겸 실내 음악장으로 봉직하게 되었습니다. 이때 그는 궁전 밖에 있는 교회에서도 오르간을 연주했고 바이올린 주자로도 활약했지요. 그가 서른두 살이 되던 해인 1717년부터 쾨텐(Köthen)의 레오폴드 안할트(Leopold Anhalt) 왕자의 궁에서 음악감독(Kapellmeister)으로 약 6년 정도 일했는데, 젊고 유쾌한 군주와 즐거운 시간들을 보낸 나날이었다고 알려집니다.

1720년에 바흐는 부인 마리아 바바라를 사별했습니다. 이때까지 7명의 자녀 중 3명이 죽었고 4명만 살아 있었습니다.

젊은 시절의 바흐 초상화

1년 반 후에 바흐는 안나 뷜켄(Anna Magdalena Wülken)과 재혼했고 이후 그의 생애는 아주 행복했다고 여겨집니다. 1723년 봄 바흐는 그가 1750년 죽을 때까지 봉직했던 라이프치히(Leipzig)에 있는 성 토마스(St. Thomas) 교회의 음악감독(Kapellmeister)직을 맡게 됩니다.[9]

바흐가 작곡한 곡으로 합창곡(chórales) 240곡 중 현재까지 알려져 있는 것은 138곡에 달합니다. 마태수난곡, 요한수난곡, B-단조 미사곡 등의 대작들이 있고, 전주곡(préludes), 환상곡(toccátas), 푸가(fugues), D-단조 환상곡과 푸가 등이 있습니다.

바흐는 헌신적인 음악감독으로, 성실한 가장으로, 군주에게 늘 충성을 바치는 인물로, 세상적인 것과 거리가 먼 음악인으로만 대중에게 알려져 왔습니다만, 실은 그는 바로크 시대의 대표적 인물이었습니다.[10] 바로크적인 특성은 익숙하지 않은 역동적인 움직임과 충만함에 있습니다. 가끔 터무니없는 표현들이 나타나는 것은 속 깊이 간직된 정열이요, 채움이라고 볼 수 있습니다. 개인에게 있어서 강한 개성이 발휘됩니다. 그래서 현대 신학자 틸리히(Paul Tillich)는 바로크적인 특성을 "수평적 차원으로 나아가는 생동력"이라고 표현했습니다.[11]

바로크적인 태도는 바흐 당시의 숭고한 웅장함과 장엄함은 물론이고 많은 장식을 수반했습니다. 그 결과 후기 르네상스의 교리적 교정에만 힘쓰는 냉혹한 생활 태도에 새로운 활력과 훈훈한 종교적 감정을 넣어 줍니다. 그래서 우리가 바로크적 화려함과 웅장함 앞에 서면 가득한 경외심을 가지고 숨을 죽일 수밖에 없지요.

신앙적인 관점에서 보자면 바로크적 삶은 더 높은 능력에 의해서 자신이 정복된 후에 필연적으로 깨닫게 되는 끊임없는 삶 자체인 것으로 이해하면 됩니다. 한편, 인간적인 측면에서 보자면, 바로크적인 인간 개성이 지니는 삶이란 두 정점을 둘러싸는 타원을 따라 움직이는 것이라고 해도 좋습니다. 여기서 두 정점 중 하나가 '삶'입니다. 다른 하나의 정점은

'죽음'입니다. 바흐는 바로 바로크적인 삶과 죽음의 역동성 속에서 더 높은 종교적 능력에 의해 살아간 인물이었습니다.

바흐는 충만한 삶을 즐겼습니다. 바로크 풍의 사람들이 주장했던 모토 "삶은 축제다"라는 말처럼, 바흐 역시 축제를 즐긴 것입니다. 바흐는 절대로 세상을 부인하는 음악감독이 아니었습니다. 그가 마르틴 루터의 영향하에 있는 철저한 루터교 신자인 것은 분명하지만 동시에 그는 바로크적인 삶을 살았습니다.[12] 특히 바흐가 자기 자신을 지키기 위해서 무척이나 단호했던 태도를 보면 그의 바로크적인 삶의 특징을 잘 알 수 있습니다. 바흐는 언제나 강한 자의식을 가지고 행동했습니다.[13] 예를 들면, 예배 도중 성가대원을 쫓아내기도 했다고 합니다.

바흐는 삶을 즐기는 사람이었고, 정열적으로 행동하는 사람이었습니다. 그래서 세상으로부터 스스로를 소외시키는 사람이었던 것입니다. 아니 오히려 이렇게 말하는 것이 더 나을지도 모르겠습니다. 이 세상은 그의 위대함을 미처 깨닫지 못하였기 때문이라고.

외적인 삶의 모습이 극적인 삶으로 이어졌다 할지라도 그의 내적인 삶의 모습은 전혀 다른 면을 보여줍니다. 그의 내면세계는 하나님의 영역이요 평화의 영역이었습니다. 1745년 프러시아와 삭소니 사이에 전쟁이 발발했는데 그해 11월

라이프치히에서 바흐가 살았던 집

21일에 삭소니와 그 동맹국 오스트리아군이 라이프치히에서 프러시아군에 의해 포위되어 있었습니다. 바로 바흐의 집 창문 앞에서 프러시아군의 대포소리가 천둥치듯 진동했습니다. 이런 상황에서 바흐는 유명한 그의 칸타타 "평화의 왕 주 예수 그리스도(Du Friedefürst, Herr Jesu Christ)"를 썼다고 합니다.

1745년 12월 25일에 드레스덴의 평화조약에 따라 전쟁은 끝났고, 프러시아군의 마지막 군대도 철수했습니다. 그 후 8일 만에 바흐는 이 곡의 제목을 "주께 새 노래로 노래하라(Singet dem Herren ein neues Lied)"로 바꾸었습니다. 전쟁의 포화 속에서도 확신을 가지고 왕중왕을 찬양한 것은 그가 얼마나 한없이 하나님의 나라를 동경하고 있었는지를 잘 보여줍니다. 그는 외부세계의 조건에 구애받지 않고 그의 내적 삶에 충실했습니다. 그 극치를 죽음에 대한 그의 태도에서도 볼 수가 있습니다.

죽음이란 바흐에게서는 중요한 요소였습니다. 그에게 죽음은 일종의 삶의 동반자였습니다. 아홉 살에 그는 그의 어머니의 죽음을 보았고, 열 살 때에 아버지가 죽었습니다. 첫 번째 부인 마리아 바바라(Maria Barbara)와는 바흐가 왕을 따라 출타한 사이에 사별했습니다. 그래서 그가 없는 사이에 이미 매장까지 끝났다고 합니다. 그때 그의 나이는 서른여섯 살이었습니다.

얼마 후 바흐는 재혼했는데 신부는 스물한 살의 안나 막달레나 뷜켄(Anna Magdalena Wülken)이라는 아리따운 여인이었습니다. 바흐에게는 자녀가 20명 있었는데 그의 생전에 11명이 먼저 죽었습니다. 바흐가 라이프치히에 와서 살던 초기에 아기 침대와 관(棺)이 매년 그의 집에 있었다고 합니다.

바흐는 삶을 추구했고 동시에 죽음에 깊은 영향을 받았던 사람입니다. 그는 죽음에 대해서도 바로크적인 태도를 견지했습니다. 그것은 현대인들이 가지는 허무한 감상 같은 것은 아니었습니다. 죽음이란 사랑하는 자의 썩음을 그 특징으로 삼고 있습니다. 땅속의 육신은 썩어 없어지고 말 것이기 때문입니다.

여기 우리가 던질 질문이 하나 있습니다. 바흐가 어떻게 삶과 죽음이라는 것 사이의 긴장을 깨고 창조적인 힘을 발휘할 수 있었을까요? 그 원초적인 힘은 어디서부터 온 것일까요?

예술인의 창조행위는 그들이 살던 삶과 관련이 있습니다. 19세기 예술인들의 경우 그들의 잠재적인 창조성이 우연한 일로 무력화되는 경우를 우리는 종종 볼 수 있습니다. 베토벤이 그랬고, 차이코프스키도 그랬습니다. 하지만 바흐는 마치 그에게 아무 일도 일어나지 않았던 것처럼 매년 꾸준히 작곡했습니다. 그는 매일 고정적으로 20쪽 정도를 작곡했는데 그의 영감은 지치지 않고 계속 채워지고 있었던 것입니다. 그가 그의 생애에서 경험한 여러 요소들의 방해와는 상관없이 꾸준히 작곡했는데, 어떻게 이것이 가능했을까요?

'신앙인 바흐'라는 말이 그 대답이 됩니다. 이때 그의 삶은 하나의 중심을 가진 원과 같다고 해야 할 것입니다. 물론 바흐에게 그 중심은 그리스도입니다. 원의 모든 경로에 있는 것들이 중심과 관련 맺을 때에만 그 의미가 있다고 보면 됩니다. 그리고 이 중심에 근거해서 삶과 죽음이 주는 모든 것을 평가합니다. 바흐는 실제적으로 이런 삶의 모습을 보여주었습니다.

그리스도는 바흐에게 하늘과 땅의 모든 권세를 가진 부활하신 주님이었습니다.[14] 바로 이렇게 그리스도를 중심에 두는 것이 바흐를 창조적인 음악인이 되게 하였습니다. 바흐의 작품을 이해하는 가장 깊은 비밀은 그의 작품들이 성령의 영감이 충만함으로부터 온다는 것입니다. 이와 같은 그리스도 중심성에 근거해서 그의 음악이 가지는 내용을 찾는 것이 바흐 연구의 좋은 방법입니다.

"우리는 받고 하나님은 주신다." 이것이 바흐의 비밀입니다. 이 은총을 바흐는 받았고, 그리스도를 통해 하나님 자신의 지치지 않고 소진되지 않는 힘을 공급받은 것입니다. 그러므로 바흐의 모든 작품은 하나님의 우주를 보여주는 소우주

바흐가 악보에 기록한 S. D. G.

인 셈이지요. 그리고 그의 영감은 끊임없이 지속되었습니다.

또한 바흐에게 영감은 위로부터 오는 것이었습니다. 저는 여기에 바흐와 다른 사람들과의 차이가 있다고 봅니다. 예를 들어, 바그너(Richard Wagner)와 다른 점도 이것입니다. 바그너가 지상에 살면서 하늘을 향해 그 무엇인가를 찾으려고 애썼다면, 바흐는 하늘에 살면서 지상의 모든 일에 기쁨을 맛보았다고 말할 수 있습니다.

우리가 절대 간과할 수 없는 것이 있습니다. 바흐가 그의 매 작품마다 곳곳에 J. J.라고 썼는데, 그것은 '예수님 도우소서 *Jesu Juva*(Jesus, Help)'란 뜻입니다. 그리고 바흐는 작품 맨 마지막에는 S. D. G.라고 쓰곤 했는데, 이것은 '오직 하나님께만 영광을 *Soli Deo Gloria*(To God Alone the Glory)'이란 뜻입니다. 바흐는 그의 작품들의 중심에 주 예수 그리스도와의 관계를 설정한 것입니다. 예를 들면, 바흐는 아들 프

리드만(Fridemann)에게 준 칼로브(Abraham Calovius)의 책표지에 쓰기를 '예수님의 이름으로 *in nomine Jesu*(in the name of Jesus)'라고 했습니다. 여기에서 음악가로서의 바흐의 비밀을 찾을 수가 있습니다.

슈베르트(Schubert)나 볼프(Wolf) 또는 브람스(Brahms)는 일반적으로 영감이 생길 때까지 기다렸습니다. 그러나 바흐는 기다리지 않고 있는 그대로의 삶을 표현합니다. 바흐는 지치지 않고 끊임없이 창조해 냅니다. 기도하면서 바흐는 창조의 일을 했습니다. 그는 하이든(Joseph Hayden)이 하듯이 했습니다. 하이든은 작곡하기에 앞서 언제나 무릎을 꿇고 기도한 것으로 알려집니다. 하이든은 "내가 사랑하는 하나님을 묵상할 때에 악보가 바퀴 돌아가듯 뛰어 나온다"고 말했습니다.[15] 마찬가지로 하나님의 종 바흐도 역시 기도하며 음악적인 작업을 수행한 것입니다.

바흐는 이 세상의 시민이지만 동시에 하늘나라의 시민이었습니다. 이것이 지상의 모든 경험에 의존하는 것으로부터 그를 자유롭게 하는 것입니다. 그러므로 바흐는 삶의 풍요로움과 아름다움을 사랑했습니다. 영원한 세계를 갈망하며, 이 열망을 음악으로 위대하게 표현했습니다.

바흐를 신앙으로부터 분리해서 보면, 바흐를 올바로 볼 수 없게 됩니다. 무신론자 니체(Nietzsche)가 1870년 4월 30일에

라이프치히의 성 토마스 교회 앞의 바흐 동상

제자 로데(Erwin Rhode)에게 "금주에 나는 바흐의 거룩한 마태수난곡을 세 번째로 들었다. 매번 말할 수 없이 감탄하는 마음으로 듣곤 한다. 아마 기독교를 완전히 잃어버린 사람이라 할지라도 바흐의 음악을 들으면 그것은 복음처럼 들릴 것이다. . . ."[16]라는 말을 남긴 것은 곱씹어 볼 만한 말입니다.

제3장

바흐의 신학적 배경과 루터의 영향

바흐 음악에 대한 평가는 시대마다 일정치 않습니다. 바흐가 임종할 무렵, 당시 음악에 관한한 선구자임을 자처하는 음악인들은 바흐 음악이 구시대적 음악이라고 여겼습니다. 이런 비판자 중의 하나인 샤이베(Johan Adolf Scheibe)는 이렇게 썼습니다.

만약 바흐가 그의 음악을 복잡하게 하지 않고 과장하지 않으며 장식이나 예술적 기교를 불필요하게 도입하지 않고, 있는 그대로의 자연적인 요소를 그냥 놓아두었다면, 그는 더 위대해졌을 것이다. 그는 화음의 아름다움을 배제했을 뿐만 아니라 전 음

루터 종교개혁의 상징 비텐베르크 성당

악을 멜로디로 덮어 버렸다. . . . 과장함으로 자연적인 것을 인위적으로 그리고 당당한 것을 음침한 것이 되게 하였다. . . . 이 모든 것이 자연스러운 것과 배치된다.[17]

샤이베가 했던 이 비판의 핵심에는 '단순하고' '자연적인' 것이 중심을 이루어야 한다는 당시의 시대정신을 반영하고 있습니다. 바흐 음악이 너무 복잡하고 훈련과 노력이 가미된 예술로서 더 이상 시대에 맞지 않는다는 비판을 한 것입니다. 실제로 바흐가 죽은 뒤에 그의 음악은 거의 모든 이들의 기억에서 사라져 버린 듯했습니다. 1750년 그의 죽음과 함께 그의 음악도 사라져 버린 것처럼 보였습니다.

그러나 19세기에 낭만주의가 바흐 음악의 그 영적 깊이에 매료되면서 상황은 전혀 달라졌습니다. 특히 바흐의 음악은 1829년에 멘델스존(Felix Mendelssohn Bartholdy)에 의해 〈마태수난곡〉이 다시 연주되면서부터 되살아났습니다. 그 결과 19세기 말에 바흐 음악은 모든 음악연주회의 단골메뉴로 자리를 잡았습니다. 바흐가 재조명되면서 그의 작품이 편집되고 출판되었으며, 그의 생애와 작품은 학자들의 관심의 대상이 되기 시작합니다.

마치 팔레스트리나(Palestrina)가 로마 가톨릭교회에서 가장 존경받는 음악인이 된 것처럼, 바흐는 종교개혁에 기초를

둔 프로테스탄트 교회에서 가장 존경받는 음악인이 되었습니다. 바흐의 전기를 쓴 비터(C. H. Bitter)나 스피타(Philip Spitta)는 바흐를 경건하고 정통적 신앙을 지닌 루터교 신자로서 위대한 교회 오르간 연주자요 지휘자며, 끊임없이 교회에 신앙적인 대작들을 남긴 음악인으로 묘사했습니다. 마치 바흐가 제5복음서의 기록자라도 된 것처럼 말이지요.

바흐가 유명해지자 이제는 모든 교회(교파)가 그를 자신들의 신앙전통에 속한다고 주장하게 되었습니다.[18] 심지어는 기독교 신앙이 아닌 다른 종교에서도 바흐의 영적인 깊이를 언급할 정도입니다. 그래서 바흐의 영성은 엄격한 정통적 루터교에만 국한되는 것이 아니라 넓은 의미의 일반적인 기독교에 속한다고 보며, 더 나아가 다른 여러 종교 영역에까지 연장되고 있다고 여겨집니다.

> 특히 후기 낭만주의나 자연주의에 와서는 바흐의 음악가로서의 면면들이 관심을 끌었다. 말하자면 천재적인 위대한 음악적 기량을 가진 바흐가 어느 특수한 좁은 신앙고백의 한계 안에 더 이상 머물 수가 없으며, 이제는 넓고 헌신적인 기독교 전체 차원으로 해석되어야 할 것이다.[19]

일부 무신론적 경향을 가진 학자들은 이보다 한발 더 나아가 바흐는 전혀 종교적인 인물이 아니라고까지 주장하며, 당시의 종교적·사회적 환경 때문에 바흐는 종교적 재능을 발휘한 것뿐이지 실제로 그는 전혀 종교적인 면에 헌신한 인물이 아니라고 했습니다.[20] 그러나 이러한 견해는 학자들의 지지를 거의 받지 못하고 있습니다.

바흐를 좁게 루터교 신앙인이라는 측면만이 아닌 넓은 의미의 크리스천이라는 각도에서 본다는 것은 아주 자연스러운 것 같습니다. 루이스(C. S. Lewis)가 얘기한 대로, "진실한 하나님의 자녀들은 영적으로 서로 교통하는 것이지 교리에 따라 교통하는 것은 아니다"라는 말이 이 경우에 좋은 설명이 될 수 있습니다.[21] 우리가 살펴보려고 하는 〈마태수난곡〉을 비롯해서 〈요한수난곡〉과 기타 여러 칸타타는 바흐가 라이프치히의 성 토마스 교회 음악감독으로 있을 때(1723-50) 완성한 것입니다.[22]

또한 바흐의 신학적인 배경을 알기 위해 먼저 그 당시의 예전을 살펴보는 것이 유익할 것입니다. 스틸러(Günter Stiller)의 책이 이 부분을 잘 언급하고 있습니다. 그의 책 『라이프치히에서의 요한 세바스찬 바흐와 예전적 삶(*Johann Sebastian Bach and Liturgical Life in Leipzig*)』은 두 부분으로 나뉘는데 제1부는 18세기 전반부의 라이프치히의 예전적인 생활에 관한 것이고, 제2부는 당시 예전과 바흐의 관계성을 다루고 있습니다. 여기서 스틸러는 바흐 당시의 일반적 예전과 라이프치히의 독특한 위치에 대해서 다음과 같이 밝혔습니다.

> 18세기의 예전 의식을 논의할 때 예전생활에 관한 언급은 거의 없다. 그라프(Paul Graff)의 평가에 의하면, "이미 1700년대 무렵부터 그때까지 잘 유지돼 오던 루터교의 예전생활은 찾아보기 힘들게 됐다. 계몽주의가 세력을 더해 갈수록 예전은 중요한 것이 되지 못했다. 특히 독일에서 18세기 전반의 예전생활은 한편으로 밀려나 있었다. 그런데 이상하게도 18세기 전반의 독일 라이프치히에서만은 예전생활이 활력을 띠고 있었던 증거가 많다.[23]

여기에서 스틸러는 바흐가 라이프치히의 음악감독 자리로 옮겨 간 이유를 설명해 줍니다. 당시 성 토마스 교회는 경건주의적이며 예전생활을 중요시했던 루터교회였기 때문이었다는 것이지요.

바흐의 삶은 경건과 예배의식에 관련되어 있습니다. 교회력과 관련해서 바흐를 이해한 학자는 펠리칸(Jaroslav Pelikan)입니다. 그의 책 『신학자 바흐(*Bach Among the Theologians*)』의 첫 장은 "바흐의 사계"라는 제목으로 시작하는데, 바흐의 작품 내용을 교회력에 맞추어 그 의미를 설명하고 있습니다.

여기에서 사계는 비발디처럼 기후와 관련된 사계를 의미하는 것이 아닙니다. 펠리칸은 교회 절기의 현현절(Festival of Christmas and Epiphany), 수난 및 부활절(Lent and Easter), 성령강림절(Pentecost and Ascension), 삼위일체절(The Sundays after Trinity)을 다루었으며, 역사신학자답게 역사의 네 가지 신학적 주류, 종교개혁(Reformation), 계몽주의(Aufklärung), 계몽주의 이후의 고백적 정통주의(Confessional Orthodoxy), 그리고 경건주의(Pietism)와 연관시켜 바흐의 신학과 음악의 특성을 분석했습니다. 물론 각 요소들은 균형이 잘 맞도록 집필되었습니다.

그리고 펠리칸은 신학적으로 중요한 대작에 해당하는 〈마태수난곡〉과 〈요한수난곡〉 그리고 〈B단조 미사곡〉에 대하여 신학적 분석을 했습니다. 여러 가지 신학적인 암시를 하고 있는 책인데 비판도 만만치 않습니다. 가령, 슈타퍼트(Calvin Stapert)같은 학자는 당시의 바흐와 계몽주의 사상 또는 경건주의의 차이점을 너무 소홀히 취급했다고 비판하기도 합니다.[24]

바흐의 신학적인 배경을 이루는 요소들을 파악하기 위해 그의 작품들 외에 그가 소장했던 책들을 살펴보는 것도 유익할 것입니다. 영적인 깊이를 견지한 예민한 감각을 지닌 예술가로서 바흐가 소장한 책의 종류와 내용에 따라 그의 신학적

박사후드를 한 루터 초상화

인 방향과 감각을 접할 수가 있을 것입니다.

그가 소장했던 책들을 살펴보려는 또 다른 이유가 있는데 그것은 불행하게도 지금까지 우리에게 전해 내려오는 자료들 중 바흐 자신의 편지나 그 비슷한 문서들이 우리가 그의 생애와 사상을 잘 파악할 정도로 많지 않다는 점입니다. 그래서 간접적인 자료를 보기 위해 그의 서재를 살펴보려는 것입니다.

바흐의 서재는 거의 모든 책들이 신학적 책과 종교적 책으로 꽉 차 있습니다. 이것은 이 서재 주인의 면모를 잘 보여주는 것입니다. 예를 들면, 두 질의 루터 전집이 있었는데 하나는 라틴어판이고 다른 하나는 독일어판이었습니다. 여러 판의 루터 탁상담화도 있고 시편 주석도 있었습니다. 그 이 외의 다른 신학 서적들은 거의가 루터의 신학책이거나 루터교의 신학책들이었습니다. 이 모든 것은 바흐가 루터의 영향을 많이 받고 있었다는 것을 웅변적으로 알려주고, 그가 다른 신앙 즉 로마 가톨릭, 개혁주의 신앙, 유대교, 또는 극단적 자유주의자들의 신앙에 대항하여 루터와 루터교회의 가르침에 의도적으로 헌신하고 있었음을 보여줍니다.

전 서재의 4분의 1정도는 루터의 저작으로 꾸며져 있었습니다. 루터교회 안에서 바흐는 언제나 정통적(orthodox) 입장을 견지했습니다.[25] 물론 일부 소수의 책들은 루터교회 이외의 책들도 있었습니다. 그것들 중에는 두 경건주의자의 책들을 예로 들 수 있겠습니다. 엑카르트(Meister Eckhart)의 제자로서 14세기의 신비주의자인 타울러(Tauler)의 설교집이 그 하나요, 다른 하나는 버나드(St. Bernard)와 타울러(Johann Tauler), 그리고 토마스 아켐피스(Thomas à Kempis)의 영향을 강하게 받은 아른트(Johann Arndt)의 책입니다. 또한 신앙 시집들도 있었고, 뷘팅(Heinrich Bünting)이 성서 인물들과 지역을 색칠해 놓은 성지기록(*Itineratium Sacrae Scripturae*)도 있었습니다.

그러나 무엇보다도 루터교 신학의 교리적이고 논증적인 작품으로 귀중한 것으로서 칼로브(Abraham Calovius)의 세 권

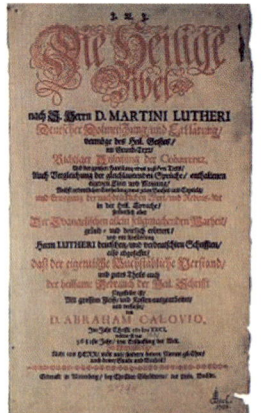
칼로브 성서 주석

으로 구성된 큰 성서 주석을 들 수가 있습니다. 칼로브는 저자라기보다는 편자에 가까운 사람이었습니다. 바흐가 가지고 있던 칼로브 성서 주석은 여기저기에 내용을 고쳐 써넣은 곳이 있고, 밑줄 친 곳도 있으며, 여백에 이것저것을 쓴 것으로 보아 바흐 자신이 얼마나 많은 시간을 주의 깊게 성서 주석을 대했는가 하는 것을 미루어 짐작할 수가 있습니다.[26]

그러나 신학자로서의 바흐의 면모는 그의 작품들에 나타난 신학적 내용을 분석할 때 잘 나타납니다. 비록 우리가 그의 작품들을 통해 바흐 자신을 잘 이해하기는 힘들다 해도, 그의 작품들을 통해 그의 영적인 본성에 대한 직접적인 원천 자료를 갖게 되는 것만은 틀림없습니다.

제4장

바흐를 위한
고대교회의 유산

바흐의 〈마태수난곡〉을 분석하기에 앞서 우선 바흐의 시대에 이르기까지의 신앙 내용 또는 교리의 변천 과정을 살펴볼 필요가 있습니다. 고대교회에서 하나의 교회를 추구했던 에큐메니칼 회의에서 결정된 내용들은 오늘날까지 동서양을 막론하고 기독교계에서 정통적인 기독교의 핵심 내용을 담고 있는 교리로 인정되어 왔습니다. 구체적으로 325년의 제1차 에큐메니칼 회의인 니케아 회의에서부터 787년 제2차 니케아 회의까지 일반적으로 인정되는 일곱 차례의 에큐메니칼 회의를 통해서 교회는 예수 그리스도에 대한 바른 이해를 추구한 것입니다.

에큐메니칼 회의의 결과는 하나님의 아들로서 그리스도가 가지는 삼위일체 안의 성부와 성령과의 관계, 참 인간으로 우리 보통 사람과의 관계, 그리고 그리스도의 신적 특성과 인간적 특성과의 관계에 관한 공동의 이해가 일련의 다른 주장들에 대항하여 투쟁한 결과로 집약된 것입니다. 이 결과들이 당시의 대부분의 교회로부터 동의를 얻어 냄으로써 정통교리로 자리 매김을 하게 되었고 동시에 옹호를 받게 되었습니다.

여기서 정통교리와 갈등을 겪은 다른 주장들을 '이단'이라고 불렀습니다. 그래서 교회는 이단 주장들을 비난하고 정죄하였던 것입니다.[27] 이 정통적인 교회 회의의 결정은 그리스도가 구세주로서 "어떤 분인가(Who He is)" 하는 것을 엄격하게 규정했습니다. 그러나 고대교회의 회의들은 예수께서 구세주로서 "한 일(What He does)"에 대해서는 자세하게 정의하지 못했습니다.

정통적인 교회의 신앙고백의 핵심으로 알려진 신조는 니케아 신조(Nicene Creed)입니다. 이 신조에서 아버지 하나님과 아들 하나님의 본질이 같다는 말을 "하나님으로부터의 하나님, 빛으로부터의 빛, 참 하나님으로부터의 참 하나님이신 분이 아버지와 그 본질이 똑같다(God of God, light of light, true God of true God, one in being [*homoousios*] with the Father)"고 표현했습니다. 레랭의 빈센트(Vincent of Lérins)가 말했듯이, 니케아 신조는 정통적인 교회의 고전적 규정으로서 "어느 곳에서나, 언제나, 누구에게든(*ubique, semper, ab omnibus*)" 받아들여지는 교회의 신조 중 대표적인 신조입니다.[28] 그 주요 내용은, "우리 인간을 위해서 그리고 우리를 구원하기 위해서(*propter nos homines et propter salutem nostram*) 그분은 하나님의 나라에서 내려와 성령에 의해 마리아에게 잉태하사 인간으로 태어나셨다. 그분은 또한 우리를 위해서(*pro nobis, hyper hemon*) 빌라도에 의해 고난을 당했으며 십자가형에 처해졌고 죽어서 묻히셨다"는 것입니다.

니케아 신조는 하나님의 아들이 인간으로 오신 것(Incarnation)이 어째서 우리 인간과 우리 인간의 구원을 위한 것이었는지, 그의 고난과 묻힘이 어째서 우리를 위해 이루어졌다는 것인지에 대해서는 자세한 설명을 하지 않았습니다. 또한 죽음은 고난에 포함이 되어 별도로 언급되지 않았습니다. "예수 그리스도 그가 누구냐?"에 대한 대답을 규정하여 그것을 기독교의 정통적 텍스트로 만든 고대교회는 "그리스도의 업적(the Works of Christ)," 즉 "예수 그리스도가 우리를 위해서 하신 일이 무엇이냐?"에 대해서는 그 어떤 기준조차도 만들지 않았습니다. 그리고 아마 앞으로도 만들지 않을지도 모릅니다.

그러나 교회의 역사를 보면 그리스도께서 하신 일 때문에 인간으로 오신 그리스도가 중요하게 부각되었음을 알 수 있습니다. 즉 "어떻게 신적인 특성과 인간적 특성이 분리되지 않은 한 사람 안에서 병존할 수 있느냐"에 대한 단순한 신학적·형이상학적 추측이 아니라, 어떻게 분리되지 않은 사람이 인간의 구세주가 되었느냐에 관한 신앙적 관심과 구원론적인 관심이 있었기 때문이었습니다.

이러한 구원론적인 관심을 표현하고 고백할 만한 적당한 구도와 조건은 교리(Creed)보다는 미사(Mass) 혹은 예배(Worship)였습니다. 그리고 미사 혹은 예배는 교회의 찬미가나 찬송가로 뒷받침되고 있습니다. 무엇보다도 미사는 이미 오래전부터 갈보리에서 있었던 예수의 희생을 기리는 기본적인 방법으로 자리 잡았지요. 교회의 미사에서 표현되는 희생에 대해서 개신교 개혁자들은 "용의 꼬리"(루터의 표현)나 "신성모독"(칼빈의 표현)이라는 말로 비판하기도 했습니다. 그것은 '그리스도의 희생'이라는 영광을 축소시켰다는 것에 있었습니다.[29] 신조는 "하나님이 인간이 되었다"고 고백했습니다. 그러나 왜 하나님이 인간이 되었는지를 설명하고 확인하는 것은 예배에서 비로소 가능한 것이었습니다.

고대교회의 '구원(救援, salvation)에 대한 관심'은 '대속(代贖, atonement; redemption)이론'이라고 말할 수 있습니다. 그런데 대속이론은 교회 회의에서 결정된 바도 없었고,

의견일치를 본 경우도 없었습니다. 즉 대속이론이 하나의 일정한 교리 형태로 정해진 것이 아니며, 그리스도께서 하신 일에 대한 다양한 이해가 가능하다는 것을 암시해 줍니다.

다양하긴 하지만 고대교회의 대속이론은 대체로 다음 네 가지로 나누어 정리해 볼 수 있습니다. 첫째, 조명자 또는 교사로서의 그리스도 역할(Christ as the illuminator or teacher)입니다. 그리스도를 참 지식을 전달해 주는 으뜸가는 교사로 보는 구원 이해입니다. 속사도 교부들(Apostolic Fathers) 속에서 볼 수 있습니다. 그리스도는 인간에게 참된 지식을 전달해 주는 교사라는 것이지요.[30]

둘째, 승리자로서의 그리스도(Christ as the victor)라는 생각입니다. 그리스도는 부활을 통해 죄와 죽음과 악의 세력으로부터 그의 백성들을 구원하는 능력의 승리자라는 것입니다. 그러므로 그리스도의 승리는 모든 영역에 걸쳐서 있기 때문에 그의 탄생, 유혹, 죽음, 부활, 지옥에 내려가시는 것, 승천 등이 다 중요한 요소가 됩니다. 이와 같은 구원 이해는 이레니우스(Irenaeus)와 닛사의 그레고리(Gregory of Nyssa)에게서 볼 수가 있습니다.

이레니우스는 승리자 그리스도라는 모티브를 잘 설명했습니다. 그 핵심은 아담이 그의 불순종으로 잃어버린 것을 그리스도가 순종으로 인간에게 회복시켜 준다는 것입니다.[31] 그래서 이레니우스는 창조(creation)와 대속(redemption)을 일치시키고 있는 것입니다.

한편, 그레고리는 타락의 결과로 인간적 본성이 단편화되어서 육체와 영혼이 죽음으로 말미암아 분리된다고 보았습니다.[32] 그리고 그리스도께서는 사람이 되심으로써 또 그분이 취하신 인간적 본성 안에서 죽었다가 다시 살아나심으로써 분리되었던 단편들을 영원히 재연합시키셨다고 본 것입니다. 그러니까 한 사람으로 말미암아 죽음이 세상에 들어온 것과 마찬가지로 한 사람의 부활로 말미암아 생명의 힘이 우리에게 되돌아왔다는 것입니다.[33]

즉 우리 본성이 신성과 결합됨으로써 신화(神化)되고, 죽음에서 면죄되며 악의 세력으로부터 구원받는 것입니다. 그리스도께서 죽음을 박차고 승리하심으로 인류가 죽지 않고 영원한 삶을 누리는 승리의 길이 열렸다는 것이지요.[34] 심지어 그레고리는 하나님이 마귀에게 매력적인 미끼로 그리스도의 인간성을 사용하여 마귀를 속였다는 이론까지 내놓기도 했습니다.[35] 십자가는 마귀를 속이고 유혹하는 하나님의 월등한 장치라는 것입니다. 승리자 그리스도(Christus victor)라는 개념은 후에 루터에게서 재생되는데, 현대의 스웨덴 신학자 아울렌(Gustaf Aulén)이 이 문제를 독특하게 취급함으로써 논쟁은 계속되고 있습니다.[36]

셋째, 그리스도는 생명과 영생을 주시는 분(Christ as the giver of life and deification)으로 이해됩니다. 이를 대표하는 인물은 아타나시우스(Athanasius)라고 할 수 있습니다. 아타나시우스에 의하면 그리스도는 모든 질병을 치유하십니다. 그러나 이것은 그리스도가 인간을 단지 구원(rescue)한다는 의미뿐 아니라 치유하고 돌본다(cure)는 뜻까지 포함한다는 것입니다.

그리고 우리들 속에 있는 하나님의 형상을 회복시키기 위해서 그리스도가 인간이 되셨다고 보았습니다. 즉 그리스도가 우리의 모습으로 오신 것은 우리로 하여금 그의 모습에 이르게 하기 위해서라는 것이지요. "너희로…… 신의 성품에 참예하는 자가 되게 하려 하셨다"(벧후 1:4)라는 말씀대로 하나님이 성육신하셔서 우리 모습으로 오신 것은 우리로 신(神)이 되게 하기 위해서, 즉 영생을 얻는 구원을 받게 하려는 것이라고 설명하였습니다.[37]

넷째, 희생자로서의 그리스도(Christ as victim)로 이해됩니다. 그 대표자는 나지안젠의 그레고리(Gregory of Nazianzen)입니다. 그는 대부분의 그리스 교부들과는 달리 마귀에게 몸값을 지불한다는 생각(idea of ransom)을 거부하고, 그리스도가 하신 일은 희생이었다고 주장합니다.[38] 이러한 생각이 후에 라틴 세계에서 점점 발전해서 성만찬의 중요한 논리가 되

었습니다.[39]

　라틴 서구 세계에서 선택한 구원 이해는 '희생자 그리스도'라는 생각이었고 그 중심점에 구세주의 수난이 자리하고 있습니다. 이 구원 이해의 핵심은 십자가입니다. 그리스도가 죄인을 대신하여 수난을 당하심으로 죄인이 지불해야 할 벌을 대신 받게 하는 것이 바로 정의(正義)라는 것이지요. 그리스도의 희생적인 죽음으로 인간은 하나님과 화해하게 되었다는 해석입니다. 이런 생각은 암브로시우스(St. Ambrosius)와 어거스틴(St. Augustine of Hippo)에게서 잘 발전되고 정립되었습니다. 어거스틴은 그리스도가 스스로 우리의 받아야 할 형벌을 대신 받음으로 우리의 죄책은 없어졌고 우리에게 더 이상의 형벌도 없으리라고 보았습니다.[40]

　이처럼 고대교회의 구원 이해는 다양합니다. 조금 더 축소해 보면 동방교회(Eastern church)의 경우에는 유한성(finiteness) 또는 죽음으로부터의 구원에 관심을 집중시킵니다. 마가복음 10장 45절의 "자기 목숨을 많은 사람의 대속물로 주려 한다"는 예수님의 말씀에 초점을 맞추고 있다고 보면 됩니다. 그런데 누구에게 몸값을 주느냐는 질문에 동방교회 교부들은 그것이 마귀에게 지불된다는 것을 의심하지 않은 것 같습니다.

　한편, 서방교회(Western church)의 경우에는 구원을 죄

(sin)로부터의 자유로 보려는 경향이 있습니다. 결국 죽음으로부터의 자유냐 죄로부터의 자유냐의 문제지만 죄로부터 죽음을 분리할 수가 없고, 또 죽음으로부터 죄를 분리할 수 없는 한, 죄와 죽음을 연계한 연장선상에서 인간의 구원 문제를 보아야 할 것입니다. 고대교회의 다양한 구원론 가운데 바흐가 선호한 구상은 '희생자 그리스도'에 가장 가깝습니다.

제5장

바흐를 위한
중세 안셀름의 신학

『왜 하나님은 인간이 되셨는가(*Cur Deus Homo*)』, 이 고전은 11세기 말에서 12세기 초를 살았던 신학자 안셀름(Anselm)이 지은 가장 영향력 있는 신학책이었습니다.[41] 이 책에서 안셀름은 인간을 "하나님 앞에(*Coram Deo*) 서 있는 죄인"으로 그 존재 의미를 부여하고, 죄인인 인간을 철저히 분석했습니다. 범죄한 인간은 창조 당시의 인간에게 부여된 축복된 소망이 다 사라지고 오직 피할 길이 없는 절망의 구덩이로 떨어진 존재일 뿐이라는 것을 그는 강조했습니다. 보소(Boso)라는 상대와의 대화를 통해서 안셀름은 인간의 죄의 깊이를 논리적으로 탐구하면서, 범죄한 인간이 그 죗

안셀름의 동상

값으로 어찌할 바를 모르며 두려워 떠는 비참한 모습을 그려내고 있습니다.

인간은 범죄함으로써 하나님께 당연히 돌려야 할 명예(honor)를 손상시킵니다. 하나님의 명예를 실추시킨 인간은 그의 존재 조건의 한계를 넘은 것이 됩니다. 그리고 죄를 범한 범죄자가 되어 인간의 존재 의의를 상실한 상태가 됩니다. 그러므로 인간은 자신이 지은 죗값을 하나님께 지불해야 합니다. 안셀름에게는 인간의 죗값은 하나님의 공의(公義)에 반(反)해서 인간이 하나님의 명예를 손상시킨 것이므로, 하나님의 공의를 만족하게 할 수 있는 길은 그 죗값을 능히 치를 만한 것, 즉 인간 이상의 그 어떤 가치를 지닌 것으로 하나

님께 보상을 하거나 죄지은 인간이 직접 형벌을 받는 길밖에 없다는 점이 분명합니다.[42]

공의로우신 하나님은 그 자신의 본성에 따라 인간의 죄를 적당히 넘어가실 수가 없고, 또 이 빚과도 같은 죗값을 적당히 없애 주실 수도 없습니다. 하나님의 공의(公義)가 그것을 허용하지 않기 때문이지요. 하나님께서 만일 인간이 결코 갚을 수 없는 죗값을 받으실 수가 있다면, 즉 하나님의 명예를 탈취한 인간이 다시 하나님께 그 명예를 되돌려 드릴 수만 있다면, 하나님은 인간을 용서하실 수 있겠지만 불행히도 인간에게는 그와 같은 능력이 전혀 없습니다. 인간은 그가 존재할 조건을 만족시키는 데 실패했고, 그를 창조한 하나님께 불명예를 안겨 드린 것입니다.[43]

바로 이것이 안셀름이 파악하고 있는 인간 이해인데, 인간 그 자신 속에서 발견되는 절망의 상태를 말합니다. 분명히 인간은 하나님께 죄의 값을 지불해야 합니다. 빚을 갚는 보상이 꼭 필요합니다. 그러나 인간은 그 같은 죗값을 지불할 능력이 전혀 없습니다. 이것이 인간의 딜레마입니다.[44]

여기서 안셀름이 제기한 문제는 인간 자신이 하나님의 명예 회복을 위한 보상, 즉 죗값을 지불할 수 있는 능력이 전혀 없다는 것입니다. 안셀름이 말한 대로 죗값은 그 자체로 엄청난 것이기 때문에 인간적인 그 어떤 것을 가지고도 보상할 방

캔터베리 주교 안셀름 인장

법이 전혀 없다는 것입니다.[45] 이미 소나 양 또는 비둘기의 피로 속죄할 수준이 아닌 것이지요. 더 나아가 하나님의 명예를 실추시킨 것은 인간이기 때문에 또한 인간 외에 하나님께 보상해야 할 그 누구도 없는 것입니다.

보상해야 할 인간이 하나님께 보상할 만한 능력도 없고 그 죗값을 지불할 수단도 없는 것이지요. 죄의 무게 때문에 절망 상태에 빠진 인간은 그 상태에서 탈출하긴 해야겠는데 탈출 방법이 없는 셈입니다. 인간이 할 수 있는 측면에서 보자면, 죄된 인간의 존재 양식을 변경시킬 만한 그 어떠한 가능성도 전혀 없다는 말입니다. 당연히 죗값을 지불해야 할 죄인이 그 죗값을 지불할 방법과 수단이 없다는 데 인간의 인간 됨의 한계가 있습니다.

그렇다면 어떻게 해야 할 것인가요? 인간의 한계를 넘는 이 딜레마를 어떻게 해결해야 할까요? 이 문제를 해결하지 못할 때 인간의 구원은 전혀 불가능하게 되고 삶의 의미는 없는 것이 아닌가요? 그뿐 아니라 더 나아가서 하나님은 또 그의 명예가 실추되기를 원치 않으셨기 때문에, 그의 명예를 실추시킨 인간을 대하심에 있어 하나님 당신의 명예를 지키시려는 방향으로 일하십니다. 논리적인 귀결로 하나님의 명예를 보존하기 위해서는 범죄한 인간이 죗값을 치르도록 하는 '형벌의 방법' 밖에 없습니다.

그런데 '형벌의 방법' 이란 하나님의 명예가 죄인의 파멸을 통해 옹호된다는 것인데 사실 이것은 하나님의 인간 창조 목적과 부합하지 않습니다. 그러므로 하나님은 자신의 명예를 지키시기 위한 방법으로 직접 하나님이 개입하시는 다른 방법을 택하실 수밖에 없습니다. 즉 하나님이 인간이 되어 오시는 방법입니다. 이것이 인간에게는 '구원의 길' 이 됩니다.

여기서 안셀름은 인간의 차원을 넘는 하나님의 개입이 불가피하다고 주장합니다. 안셀름은 그것을 '성육신(Incarnation)' 의 당위성으로 설명하면서 논증을 폅니다. 즉, 범죄한 인간으로서는 도저히 감당할 수 없는 이 보상을, "하나님 자신이 인간이 되어 오신 분," "하나님이시며 동시에 인간이신 분"의 십자가에 달린 대속적인 보상을 통해 가능하다는 논리적인 귀결입니다.

이 논리적 결론이 바로 『왜 하나님은 인간이 되셨는가(*Cur Deus Homo*)』의 주제입니다.[46] 안셀름이 보소(Boso)와의 대화 형식을 통해 말하려는 주장의 논거가 바로 여기 있었습니다. 하나님이시면서 동시에 인간이 되신 '신-인(神-人)'되시는 예수 그리스도만이 하나님께로 돌아가야 할 명예의 모든 정도를 다 감당하실 수가 있으시다는 주장입니다. 죄 없으신 분이 인간으로 오셔서 인간의 삶을 살면서 하나님께 철저하게 복종하신 '신-인(神-人)'되시는 분은 예수 그리스도이십니다. 오직 이 그리스도만이 하나님 아버지께 돌아가야 할 명예를 되돌리는 의무를 온전하게 채울 수가 있었습니다. 아니 오히려 그가 죽기까지 복종한 것은 명예를 되돌려 드리는 것을 초월합니다. 이미 명예 회복을 충족시키고도 남는 것입니다.

왜냐하면 그것은 죄인에게 요구된 것이지만, 그리스도는 죄인이 아니었기 때문입니다.[47] 그리스도는 자신의 생명을 희생해서 죄인을 구원하시고 해방하셨습니다. 인간으로 오신 그분은 자신의 생명을 드려 하나님의 공의를 만족시키신 것입니다.

안셀름에 의하면 죄의 사함은 하나님의 공의를 완전히 이룰 수 있는 보상이어야만 가능한 것이었습니다. 즉 아무 보상이나 다 되는 것은 아닙니다. 죄인을 대신해서 그 누군가가 하나님에게 자신의 생명을 주어야 하는 것입니다. 즉 하나님이 아닌 모든 것을 초월하는 '그 무엇'을 주어야 합니다. 그런데 인간적 특질은 이런 '그 무엇'을 가지고 있지도 않고, 또 이 보상 없이는 하나님의 공의를 만족시킬 수 없기 때문에 인간으로 오신 하나님 즉 그리스도의 희생이 필요했다는 것입니다.[48] 그리스도의 생명은 하나님이 아닌 모든 것보다 귀중하고 죄 지은 자들이 진 모든 빚을 초월하기 때문입니다. 결국 죄인은 십자가에 달리신 그리스도의 희생으로 구원받게 되며 죄의 보상이 이루어집니다. 그러므로 그리스도께서 이 세상에 오셔서 하신 일, 즉 십자가에 달려 죄인을 대신하여 죽으신 일은 하나님이 요구하시는 것을 넘어, 죄인인 인간에게 구원의 길을 열어주는 귀한 선물입니다.[49]

지금까지 대략 살펴본 안셀름의 『왜 하나님은 인간이 되셨는가』라는 고전의 내용을 통해서 보면, 안셀름의 대속이론(Atonement)은 교회가 '그리스도의 하신 일'을 이해하는 데 중요한 주춧돌의 역할을 한다는 것을 알 수 있습니다.

우선 안셀름은 인간 구원의 문제를 신학적 사유(Theological consideration)의 중요한 내용으로 만들었을 뿐만 아니라, 그는 또 구속의 문제를 성육신(Incarnation)과 관련시킴으로 '그리스도의 인격(the Person of Christ)'과 '그리스도의 업적(the Work of Christ)'이 서로 분리될 수 없는 것임을 보여준 것입니다. 그리고 안셀름이 말하는, 성육신하신 '하나님이시며 인간이신 분'이 인간을 구원하신다는 논리는 소위 '만족설'이라는 이름으로 후대에 일종의 신학적인 규범(Theological Classic)으로 여겨지게 되었고 점점 더 기독교 교회의 교리 역사에서 중요한 위치를 차지하게 됩니다.

『왜 하나님은 인간이 되셨는가』는 1년여 후에 안셀름이 쓴 다른 책인 『인간 구원에 대한 명상(*Meditation on Human Redemption*)』이라는 짧은 글과 함께 읽으면 좋습니다. 왜냐하면 『왜 하나님은 인간이 되셨는가』가 인간의 죄와 구원의 길에 대해 논리적으로 추론해 나갔기 때문에 마치 '멀리 계신 그리스도(*remoto Christo*)'에 대해 쓰고 있는 것처럼 보이는 반면,[50] 『인간 구원에 대한 명상』은 '기독교 신앙 내면의 깊숙한 곳에 자리 잡은 구원의 믿음'을 전제로 삼고 있기 때문입니다. 안셀름은 이 구원의 믿음을 『인간 구원에 대한 명상』에서 경건한 기도언어로 이렇게 표현하고 있습니다.

> 오 그대의 영혼이여, 슬픈 죽음에서 일어난 영혼이여, 비극적 굴레에서 하나님의 피로 해방되고 속죄된 영혼이여. 마음을 일깨워 너의 부활을 기억하고 너의 구원과 해방을 명상하라. 너의 구세주의 선함을 맛보고 그에 대한 사랑을 불태우라.[51]

십자가를 통한 구원의 신비를 생각하면서 안셀름은 또 이렇게 권고합니다. "보라, 기독교인의 영혼이여, 이것이 너의 구원의 힘이다. 이것이 너의 자유를 가능케 했고 이것이 너의 구원의 대가이다." 그리고 그는 『인간 구원에 대한 명상』을 다음과 같은 기도로 끝맺습니다.

> 당신의 사랑이 내 전체를 사로잡게 하소서. 당신의 사랑이 나를 완전히 소유하게 하소서. 왜냐하면 성부와 성령과 함께 당신이 영원히 축복받은 유일한 주님이기 때문입니다. 아멘.[52]

하나님께 만족과 보상을 드린다는 구원의 행동으로서의 그리스도의 죽음은 예배의 의식적이며 헌신적인 중요한 내용이 되었지만 중세교회의 도그마가 되지는 않았습니다. 종교개혁자들은 죄인을 대신하여 그리스도께서 십자가의 희생을 치르심으로 하나님의 공의가 만족되고 인간의 구원이 이루어졌다는 안셀름의 이 구속론을 인정하는 데 인색하지 않았습니다. 최소한 준(準)공식적인 인정을 했습니다. 다만 종교개혁자들은 희생은 계속 반복되는 것이 아니고 오직 성 금요일에 유일회적인 희생에만 해당한다고 주장했습니다. 그것은 아마도 당시 로마 교회의 '화해의 희생(propitiatory sacrifice)', 즉 반복되는 의미를 가진 미사(Mass)를 종교개혁자들이 공격하는 것과 관련하여 불가피한 일이었을 것입니다.[53]

종교개혁에서 예배의식의 개혁은 중세 예배의 잔존 여부에 관계없이 희생의 반복성을 뜻하는 모든 말과 행위를 예배에서 사실상 제거했습니다. 종교개혁자들에게 있어서 미사나 고해성사나 혹은 선행을 행한다고 해서 그것이 십자가에서 이루어진 그리스도의 완전한 '보상'에 덧붙일 만한 것이 결코 될 수는 없었기 때문입니다. 그 대신 개혁자들은 '의인의 교리(doctrine of justification)'를 교회의 핵심 교리로 삼았습니다.[54] 물론 그 중심에는 죄 없이 십자가에 달려 죽은 그리스도의 죽음에 기초해서, 하나님께서 죄인을 의롭다고 선언하는 법적인 행동으로서의 하나님의 심판과 구원을 말하는 신약성서의 메시지가 담겨 있습니다.

이 같은 종교개혁자들의 강조 때문에, 결과적으로 그리스도의 십자가에 달리신 대속적인 죽음으로 하나님의 공의가 만족케 되셨다고 구원론을 정리한 안셀름의 만족설이 로마 가톨릭의 신학에서보다 프로테스탄트의 신학에서 더욱 확고하게 정착하게 된 것입니다.[55] 그리고 바흐의 시대에 이르러 안셀름의 교리는 정통적인 교회의 시금석이 될 수 있었습니다.

뉴마이스터(Erdmann Neumeister)는 그의 책 『그리스도 예수께서 우리와 우리의 죄를 충분히 보상하셨다는 명제에 대한 확증(*Solid Proof that Christ Jesus Has Rendered Satisfaction for Us and Our Sins)*』의 서문에서 다음과 같이 언급했습니다. "귀중한 만족설과 우리 주님의 공로는 아주 근본적인 것이어서 그 안에 있는 지식과 신앙 없이는 우리가 구원받을 수 없다. 그것 없이는 모든 교회나 종교는 몰락할 수밖에 없다."[56] 이 책 뒷부분에서 그는 또 이렇게 언급했습니다.

> 따라서 우리가 수난 이야기에서 그리스도의 고난과 죽음에 대한 이야기와, 오늘의 사순절 설교에서 그리스도의 고난과 죽음에 대해서 듣는 것을 우리는 모두 우리를 위해서 일어났고 보상의 행위로서 이루어졌다고 보아야 한다.[57]

그는 하나님의 사랑을 찬미하는 것은 좋으나 그 과정에서 하나님의 정의를 축소해서는 안 된다고 했습니다. 왜냐하면 그 둘은 똑같이 위대한 것이기 때문입니다. 그리고 보상으로서의 그리스도의 죽음에 대한 성서적 언어로 "우리를 위하여"는 "우리를 대표해서(*hyper*)"뿐 아니라 "우리를 대신해서(*anti*)"도 의미해야 한다고까지 말합니다. 죄에 대한 하늘 아버지의 용서를 가능하게 한 것은 오직 그리스도에 의한 보상뿐이라는 것입니다. 이것은 단지 뉴마이스터만의 구원론이 아니라, 17세기 말과 18세기 초의 모든 개신교 신앙고백과 여러 교파에 걸친 일반의 정통적 교리로 합의된 것이었습니다.

제6장

바흐가 이해한
그리스도의 죽음

바흐의 서재에 있는 책들을 통해 알 수 있는 바가 있습니다. 바흐는 영적으로 깊은 경지에 들어가 있다는 것입니다. 가령, 슈바이처(Albert Schweitzer)는 바흐의 신앙을 정통적인 루터교회 신자(Orthodox Lutheran)라고 분류하지 않고 오히려 바흐의 신앙이 기본적으로 신비주의적인 요소가 지배하고 있다고 확신했습니다.[58] 그러나 바흐가 1723년에 라이프치히에 있는 성 토마스(St. Thomas) 교회에 부임하면서 "루터교 신앙고백서(*Formula Concordantiae*)"에 서명했다는 점과 루터 전집을 늘 가까이 두고 읽었다는 점, 그리고 그의 주요 작품에 성서 본문을 높게 의존하는 것으로 봐서 그를 순수한 의미의 신비주의자(pure mystic)로 여기기는 힘들 것이라고 생각합니다. 바흐의 관심사는 음악 외에는 오직 루터의 신학이었다고 해도 과언이 아닙니다. 그는 루터의 신학 안에서 살았고 사색했습니다. 루터가 음악을 신학 다음에 두었다면, 바흐는 신학을 음악 다음에 두었다고 할 수 있겠지요. 바흐에게 음악과 신학이라고 하는 두 영역이 대단히 밀접하게 연결되어 있기 때문입니다.

1730년은 종교개혁의 가장 중요한 아우크스부르크 신앙고백(Augsburg Confession)이 채택된 지 200년이 되는 해였습니다. 200년 전 6월 25일에 아우크스부르크에서 열린 회의는 개신교 군주들과 자유도시인들의 신앙고백이 정치적으로나 교리적으로 종교개혁이 실제적으로 정착된 계기였습니다. 왜냐하면 1521년 보름스(Worms) 국회에서 루터의 강력한 항변 "내가 여기 서 있노라(Here I stand, I can not do otherwise!)"가 일종의 '독립선언'이었다고 한다면, 1530년의 아우크스부르크 신앙고백은 '헌법 제정'이라고 생각할 수 있기 때문입니다. 따라서 아우크스부르크 신앙고백의 200주년 되는 1730년은 중요한 해입니다.

그런데 아우크스부르크 신앙고백 200주년이 되기 일 년 전인 1729년에 바흐의 〈마태수난곡〉이 최초로 연주되었습니다. 〈마태수난곡〉은 바흐의 영감이 가득한 고귀한 작품이었고 서

사적인 웅장함을 갖는 드라마였기 때문에 바흐의 교회음악이 집중적으로 조명받게 됩니다. 자연히 아우크스부르크 신앙고백 200주년이 되는 해에 루터의 전통을 가득 품고 있는 바흐가 그 중심인물이 된 것은 더 말할 나위가 없지요.

이때 바흐 리바이벌은 라이프치히에서 있었는데 세 곡의 칸타타로 200주년을 기념했고, 그 곡들은 연속해서 3일간 연주되었습니다.[59] 1730년 6월 25일에 BWV 190a인 "Singet dem Herrn ein neues Lied!"가 연주되었고, 26일에는 BWV 120b인 "Gott, man lobet dich in der Stille"가 연주되었으며, 27일에는 BWV A4a인 "Wünschet Jerusalem Glück"이 연주되었습니다. 가사의 일부와 초기음악의 일부만 남고 불행하게도 이 세 칸타타의 모든 음악은 사라져 버렸습니다. 또한 찬송가 384장에 채택되어 있는 루터의 "내 주는 강한 성이요(Ein feste Burg)"가 바흐의 칸타타(BWV 80)로 재현되었던 것을 볼 때, 역시 루터와 바흐는 밀접한 관계에 있다는 것을 알 수 있습니다.

루터와 종교개혁의 중요성은 단지 교리적인 면만 봐서는 안 됩니다. 오히려 루터의 글, 교회의 합창곡, 교회라는 공동체의 삶과 구조, 그리고 후에 바흐와 헨델의 교회음악 같은 것이 어울릴 때에야 그 중요성이 더 부각될 것입니다. 사실 루터는 독일에서 음악의 아버지라는 평을 듣고 있습니다. 그

라이프치히 성 토마스 교회 내부

의 정력과 의지력 그리고 예술적 감각과 결합된 신앙적 신념은 종교개혁에 음악적 형태를 부여한 원조가 되었습니다.[60]

바흐가 전수받은 종교개혁의 유산은 루터의 핵심 신학인 '죄의 용서'입니다. 그래서 루터의 찬송가와 성가에는 '죄의 용서'라는 주제가 아주 뚜렷이 나타나고 있습니다. 루터의 신앙은 인간 고뇌라는 위기에 대한 깊은 인식에 그 뿌리를 두고 있습니다. 루터 자신이 이 인식을 '탄원(Anfechtung)'이라고 부르고 있었습니다. 1523년에 루터가 쓴 찬송 "깊은 비탄에서 주님께 구합니다(Aus tiefer Not schreie ich zu dir)"의 곡과 가사를 바흐가 1724년의 한 칸타타(BWV 38)에 도입했는데 이 곡은 루터가 '바울의 시편'이라고 부른 것으로 '탄원'과 죄의식을 묘사한 것입니다.[61] 바흐가 소위 크리스마스 오라토리오로 불리는 사순절 합창곡을 D장조로 조바꿈을 하면서 트럼펫으로 끝낸 것이나, 칸타타 38번 및 오르간 연주곡 두 곡(BWV 686, 687)을 잘 살펴보면, 믿음을 통해서 절망을 극복한다는 루터의 '죄의 용서' 내용이 주조를 이룬다는 것을 알 수 있습니다.

바흐는 탄원의 내용을 담은 이 합창곡들에 '기쁨의 언어'를 도입했습니다. 우울함과 비탄과 싸워 기쁨이 창출된다는 내용입니다. 이것은 진정한 회개는 저절로 환희에 찬 구원의 확실성에 이르게 한다는 루터 신학을 잘 대변하는 것입니다. 루

루터가 성서를 번역한 바르트부르크의 루터 방

터 신학의 표현대로 말한다면 "*simul justus et peccato*(의인인 동시에 죄인)"을 의미합니다. 루터 신학의 핵심은 의인(義認) 사상인데, 그것은 하나님께서 우리에게 선포해 주시는 죄 사면의 선포, 즉 우리의 죄악성에도 불구하고 의롭게 여겨 주시는 하나님의 선언을 의인(Justification)이라고 합니다. 이것이 전형적인 루터교 신학의 '전가된 의인' 사상입니다. 의인은 인간들의 의에 대한 하나님의 응답이 아니고 사랑과 용서의 하나님께서 우리의 죄가 그대로 있음에도 불구하고 우리의 죄를 사면해 주시고 의롭다고 선언해 주시는 것입니다. '전가된 의'라는 사상은 곧 모든 기독교인들은 '의인이며 동시에 죄인(*simul justus et peccato*)'이라는 주장을 의미합니다. 즉 의인의 의미가 우리가 완벽하게 되었다거나 죄를 짓지 않는다는 뜻이 아니라는 것이지요. 기독교인은 지상의 삶을 사는 동안에 계속해서 죄인으로 남아 있으나, '의롭다고 인정된 죄인'이기 때문에 율법의 저주에서는 '해방된 죄인'인 것입니다. 루터의 찬송가는 참회와 축복을 결합하고 있는데 그것은 신자가 '의인이면서 죄인'이라는 이중성이 그 안에 계속 존재하기 때문입니다.

바흐가 편곡한 루터의 찬송가는 참회와 축복의 대비를 그대로 유지했고 경우에 따라서는 더욱 고양시키기도 했습니다. 삭소니와 프러시아의 전쟁 와중에 바흐의 음악이 라이프

루터의 초상화

치히에서 작곡되고 연주되었다는 것은 '의인이며 동시에 죄인'이라는 루터의 영향을 그대로 보여주는 하나의 실례라 할 수 있습니다. 바흐는 루터 종교개혁의 음악적 유산을 그의 오르간 서곡, 교회의 칸타타, 그리고 수난곡에 전유(專有)하다시피 이용했습니다.

루터주의자 바흐를 표현하는 가장 극적인 장면은 그의 성서에 대한 태도에서 볼 수 있습니다. 성서는 모든 크리스천에게 궁극적인 규범입니다. 루터교 신자에게도 궁극적인 규범이었지요. 그것은 루터 자신이 하나님의 말씀인 성서를 그의 신학의 출발점으로 보았기 때문입니다. 루터는 중세의 전통을 배격하고 성서를 옹호한 개혁자입니다. 그러나 그가 지향하는 실천적인 목표는 '성서의 분명한 의미'와 위배되는 전통적인 견해들과 행습을 거절하자는 데 있었을 뿐입니다. 그는 전통이 오류를 범했다고 믿었습니다. 그렇기 때문에 그는 전통이, 오류를 범한 전통이나 교회 혹은 어느 신학자보다도, 루터 자신보다도 더 위에 있는 '성서의 권위'로 돌아가 복음의 참된 의미를 되찾아야 한다고 주장했던 것입니다.

여기서 우리가 바흐와 그의 동시대 음악가를 비교해 보면 아주 흥미 있는 요소들을 찾아볼 수 있습니다. 바흐 시대의 작곡가들은 당시 득세하기 시작한 '세속주의'적인 취향에 기울어 있었습니다. 그 같은 취향이 잘 나타나는 것은 성서 본문의 사용, 특히 그리스도의 고난과 죽음을 어떻게 표현하느냐 하는 점을 살펴보면 잘 드러납니다.

실제로 16세기에 수난 합창곡들은 성서적이었는데 시대가 점차 변하면서 성서로부터 이탈해 바흐 시대에는 더 이상 16세기처럼 성서 본문에 기초한 것이 아닌 현대적 감각의 문장들로 대치되었습니다.[62] 이 같은 음운적인 현대 감각의 문장은 당시에 아주 인기가 있었는데, 바흐는 이들과 다르게 성서 내용대로의 본문을 사용했던 것입니다. 특히 그의 수난곡에서 현대적 감각을 가미한 성서 본문의 음운적인 형태의 대화는 무시하고, 오히려 복음서에 있는 그대로의 평범한 본문을 사용했습니다. 내용을 바꾸지도 않고 삭제함도 없이 있는 그대로 표현한 것입니다. 바흐에게는 언어적으로 우아한 표현이 아니라 '하나님의 말씀' 그것만이 주요 관심

루터의 흉상

사였습니다. 그래서 수난곡의 기본구조는 성서 본문 그대로인 것입니다.

〈마태수난곡〉의 경우는 성서 본문이 조금 긴데, 이것은 바흐가 복음의 말씀을 강조하려는 의도에서 나온 것이라고 보면 됩니다. 이렇게 바흐가 성서보다 더 중요시한 것이 없다는 점은 루터의 태도와 똑같습니다. 다만 루터와 바흐의 차이점이 있다면, 루터의 영감이 나타난 분야가 문학적이나 음악적인 것이라기보다 교회적이며 신학적인 분야라는 것이고, 바흐는 조금 더 예술적이며 음악적인 측면을 중심으로 성서를 해석했다는 점일 것입니다.

바흐의 〈마태수난곡〉에서 예수의 제자들이 근심스럽게 묻기를 "주여 내니이까 내니이까?" 할 때에 "바로 저입니다 제가 회개해야 합니다"라는 대응 합창에서 우리는 교회의 음악적 상징을 보게 됩니다. 이 상징이 의미하는 바는 이 합창을 듣는 크리스천이 하나님의 복음의 말씀에 응답하고 있다는 신앙적인 표현인 것입니다. 바흐와 동시대인들은 교회음악을 하나의 축제적인 톤으로 작곡했지만, 바흐는 교회음악을 하나님의 말씀을 해석하는 원칙으로 작곡한 것입니다.

이상에서 살펴본 대로 바흐를 루터와의 관계 속에서 이해해야만 제대로 이해할 수 있습니다. 교회음악의 영역에서 바흐는 루터가 주장하는 바를 더 높은 경지의 예술로 승화시키

라이마루스 초상화

는 역할을 했다고 볼 수 있습니다.

바흐와 동시대인 중의 한 사람으로 라이마루스(Hermann Samuel Reimarus)라는 신학자가 있었습니다. 그는 바흐보다 9년 늦은 1694년에 태어났고 18년 늦은 1768년에 사망했습니다.[63] 그는 유명한 계몽주의의 철학자요 신학자로서 이신론자(Deist)요 성서비평가(Biblical critic)였습니다. 1727년부터 죽을 때까지 함부르크 대학에서 히브리어 및 동양어학부 교수로 있으면서 순수한 이성에 기초한 종교를 주장했던 인물입니다. 그에 대한 최근의 연구는 이렇게 시사하고 있습니다.

"동시대인들에게 비친 라이마루스는 오늘 우리에게 비치는 모습과는 상당히 다르게 보였던 것 같다. 공(公)적인 라이마루스와 사(私)적인 라이마루스가 따로 있었다."

공(公)적으로 나타난 라이마루스는 1754년에 출판된 잘 알려진 작품, 『기독교의 주요 교훈(*The Principal Teachings of the Christian Religion*)』의 내용을 옹호하는 사람이었습니다. 그러나 실제의 라이마루스는 『하나님을 합리적으로 경배하는 사람들을 위한 변증(*Apologia for the Rational Worshipers of God / Apologie oder Schutzschrift für die vernünftigen Verehrer Gottes*)』이라는 제목의 두꺼운 책을 쓰면서 『기독교의 주요 교훈』을 합리주의적 입장과 이신론적 입장에서 공격하고 있었습니다. 여기서 그는 거리낌 없이 성서에 나오는 기적이나 계시를 부인하고 성서 기자들이 의식적으로 거짓말을 하고 있으며 무수한 모순들을 안고 있는 열광주의자들이라고 확신했습니다. 이 책의 내용은 저자가 사망한 후에도 밝혀지지 않다가, 1774년에서 1778년 사이에 레싱(Gotthold Ephraim Lessing)이 저자의 이름을 밝히지 않고 일곱 개의 주요 발췌본을 출판했습니다. 마지막 발췌본의 제목이 『예수와 제자들의 의도(*The Intention of Jesus and of His Disciples*)』인데 이 발췌본이 여기에서 우리의 관심의 대상이 될 수 있습니다. 왜냐하면 라이마루스가 마태복음서에서 예수의 수난 이야기를 어떻게 보여주고 있느냐 하는 것을 알려주기 때문입니다.

사람들이 제자들처럼 열심히 "호산나 다윗의 아들이여"를 외치지 않고 오히려 예수를 버리는 것을 보았을 때, 예수는 성전에 자신의 모습을 나타내기를 꺼려했다. 그는 유월절 축제에 당시 습관대로 참여할 용기가 없었다. . . . 그는 대중 앞에 나아갈 때 그의 생명을 빼앗길지도 모른다는 생각이 들자 떨기 시작했고 흔들렸다. 가룟 유다는 그를 배반하고 그가 숨어 있는 장소를 알려 주었을 뿐만 아니라 그를 지목까지 했다. 그는 유월절 전날 밤에 체포되었고, 약식재판 후에 십자가형에 처해졌다. 이것은 성전에서 유월절 양을 잡기 전이었다. 그는 "엘리 엘리 라마 사박타니?"(마태 27:46)라는 말을 마지막으로 숨을 거두었다. 이 말은 하나님이 예수가 의도한 바를 이루거나 그가 세상에서 달성하고자 했던 목표에 도달하도록 돕지 않았다고밖에 달리 해석이 안 되는 고백이다. 분명히 당시 예수의 의도나 목적은 고난을 당하고 죽임을 당하는 것이 아니고, 지상의 왕국을 건설하고 이스라엘 민족을 해방시키는 것이었다. 그러나 하나님이 그를 버렸고 그의 희망은 좌절되었다.[64]

반면, 이와는 대조적으로 바흐는 〈마태수난곡〉에서 수난 이야기를 마치 그림에서 보통 강조하기 위해 사용하는 극적인 '후광(halo)'이 머무는 것처럼 사용했습니다. '후광'은, 보통 버림에 대한 외침 "엘리 엘리"를 그리스도의 고난과 죽음으로 이루어진 구원의 클라이맥스로 해석하려는 뜻에서, 늘 예수의 말씀에 붙어 다녔습니다. 라이마루스는 고난을 당하고 죽는 것은 분명히 예수의 의도나 목적이 아니었다고 주장하였고, 반면 바흐는 예수의 십자가 고난과 죽음 그것이 분명히 예수의 자발적인 의도였으며 전체 수난 이야기의 목표, 즉 모든 복음서의 목표라고 여겼습니다.

인간의 악의(惡意)보다는 그리스도의 사랑의 궁극적 결과로서 그리스도의 죽음의 자발적 성질을 강조하려는 바흐의 의도가 〈마태수난곡〉에는 뚜렷이 보입니다. 바흐는 마태복음서 27장 22절과 23절의 "십자가에 못 박으소서"를 합창으로 시작한 후, 이어 복음사가(마태)의 테너 서창(敍唱: recitative) "저 사람이 무슨 잘못을 했는가?"를 넣어 문제의 중요성을 부각시켰습니다. 그리고 바로 이어서 두 번의 소프라노가 이어지는데, 소프라노 서창 "우리 모두에게 선한 일을 하셨도다"와 소프라노 영창(詠唱: aria) "사랑으로 나의 구세주 죽음조차 감당하시네"로 나누어 이어집니다.[65]

합창: 백성

그를 십자가에 못 박으소서!

Lass ihn kreuzigen![66]

테너 서창: 빌라도

도대체 그가 무슨 잘못을 했는가?

    Was hat er denn Übels getan?[67]

소프라노 서창: 해설

그는 우리 모두에게 선한 일을 하셨네.

    Er hat uns allen wohlgetan,

소경이 눈을 뜨게 하시고

    Den Blinden gab er das Gesicht,

앉은뱅이를 걷게 하시며

    Die Lahmen macht er gehend,

우리들에게 하나님의 말씀을 가르치시고

    Er sagt uns seines Vaters Wort,

마귀를 내쫓으셨으며

    Er trieb die Teufel fort,

슬픔 속에 있는 자에게 용기를 주시고

    Betrübte hat er aufgericht',

죄인을 용서하셨습니다.

    Er nahm die Sünder auf und an,

나의 예수께서는 아무 잘못도

    Sonst hat mein Jesus

하지 않으셨습니다.

　　nichts getan.⁶⁸

소프라노 영창

죄지은 일이 없으신데

　　Aus Liebe will mein Heiland sterben,

사랑으로 나의 구주

　　Von einer Sünde weisz er nichts,

죽음조차 감당하시니

　　Dasz das ewige Verderben

그것은 영원한 파멸과 심판으로부터

　　Und die Strafe des Gerichts

나를 영원히 구원하려 하심이네.

　　Nichts auf meiner Seele bliebe.⁶⁹

　우리에게 선한 일을 하신 그리스도, 즉 하나님의 말씀을 가르치고, 병든 자를 고치시며, 마귀를 내쫓으시고, 슬픈 자에게 용기를 주시는 그리스도, 죄 없으신 그리스도를 소프라노 서창으로 설명한 후 바로 이어 소프라노 영창으로 그리스도께서 하신 일이 바로 "자신이 십자가에 달려 죽으심으로 우리가 구원을 받게 된다"는 수난과 구원이라는 신학적인 내용을 강하게 부각시킨 것입니다. 이와 같은 구성이 주는 내용과 메시지는 안셀름이 『왜 하나님은 인간이 되셨는가』와 『인간 구원에 대한 명상』에서 일관되게 주장했던 내용과 일치하고, 또 루터의 '십자가 신학'을 그대로 옮겨온 듯합니다.

바흐는 마태복음서에 있는 예수의 고난을 음악의 구성 형식을 빌려 표현합니다. 즉 구세주 예수 그리스도는 인간에 대한 그의 사랑 때문에 고난받고 죽었다는 것입니다. 인간의 원죄와 죄로 침해된 하나님의 공의를 그의 순수한 죽음으로 충족시키기 위해, 그리고 하나님의 자비로 더 이상의 하나님의 공의에 대한 침해 없이 원죄와 죄를 용서받을 수 있도록 하기 위해 고난받고 죽었다고 표현하는 것입니다. 라이마루스가 이해하는 그리스도와는 그 출발점부터가 다른 것이지요.

제7 장

바흐의 마태수난곡의
신학적 의미

안셀름의 만족설, 즉 그리스도의 고난으로 말미암은 대속적인 보상으로서의 구원 교리는 바흐의 〈마태수난곡〉 처음부터 끝까지 계속되는 심홍색 실과 같습니다.[70] 그것은 수난곡의 제일 앞에 나오는 첫 합창곡인 "오라 딸들아(Kommt, ihr Töchter)"에서 특히 잘 나타납니다. 이 곡은 이중합창(더 세밀하게는 삼중합창)으로 두 곡의 성인들의 이중합창과 한 곡의 어린이들의 합창으로 구성되어 있습니다. 바흐는 이 첫 부분에서 "(예루살렘의) 딸들"을 자신과 아이들을 위해서 울도록(누가 23:28) 함으로써 그리스도의 수난의 슬픔과 한탄을 함께 나누도록 유도하고 있는 것입니다.

바흐의 〈마태수난곡〉 악보

이 합창의 첫 부분에는 이런 대화가 있습니다. "보라! 누구를?(Sehet! Wen?)"이라고 물으면 "신랑을(Den Bräutigam)"이라고 답하고, "그를 보라! 어떻게?(Seht ihn! Wie?)"라고 물으면 귀에 익은 음운으로 "마치 어린 양과 같이(Als wie ein Lamm)"라고 답합니다.

합창

오라, 딸들아 와서 나를 슬픔에서 구하라.
  Kommt, ihr Töchter, helft mir klagen.
보라! 누구를? 신랑을.
  Sehet! Wen? Den Bräutigam.
그를 보라! 어떻게? 어린 양과 같이.

Seht! ihn Wie? Als wie ein Lam.[71]

삼중합창의 두 번째로 성인들의 이중합창에 나오는 합창곡의 대화는 사실 안셀름의 『왜 하나님은 인간이 되셨는가(*Cur Deus Homo*)』를 묻는 질문과 대답입니다.

합창

보라! 무엇을? 그의 인내를 보라.

Sehet! Was? Seht die Geduld.

보라! 어디를? 우리의 죄를.

Seht! Wohin? Auf unsre Schuld.

그를 보라. 사랑과 헌신으로

Sehet ihn. Aus Lieb und Huld

스스로 십자가를 지셨도다.

Holz zum Kreuze selber traagen.[72]

앞 첫 부분에 나오는 합창곡의 두 번째 대답, 즉 "마치 어린 양과 같이"라는 합창에서부터 삼중합창의 세 번째로 나오는 합창이 있는데 어린이 합창입니다. 독일 예배의식에서 하나의 전통으로 알려져 있는 "하나님의 어린 양(*Agnus Dei*: O Lamm Gottes)"을 부름으로써 객관화된 신앙고백의 요소를 제공하는 것입니다. 바흐는 여기에 한마디를 덧붙이는데, 그것은 "흠 없으신(unschuldig)"이라는 말입니다. 그래서 "오 흠 없으신 하나님의 어린 양(O Lamm Gottes unschuldig)"으로 어린이 합창이 시작됩니다.

코랄: 어린이 합창

오 흠 없으신 하나님의 어린 양

    O Lamm Gottes, unschuldig

십자가에 못 박혀 죽임을 당하셨도다.

    Am Stamm des Kreuzes geschlachtet,

온갖 조롱과 핍박에도

    Allzeit erfunden geduldig,

언제나 참고 견디셨도다.

    Wiewohl du warest verachtet.[73]

그리고 어린이들은 "우리의 모든 죄를 대신하여 십자가를 지셨으니(All Sünd hast Du ertragen)"를 노래합니다.

코랄: 어린이 합창

우리의 모든 죄를 대신하여 십자가 지셨으니

    All Sünd hast du getragen,

주님 아니셨다면 우린 절망뿐이었으리

　Sonst müssten wir verzagen.

우리를 불쌍히 여기소서, 오 예수여!

　Erbarm dich unser, O Jesu!⁷⁴

흠 없으신 하나님의 어린양과 죄 많은 인간이 대조되며 수난곡 여기저기에서 같은 문답이 나타나고 있습니다. 이 내용은 의심할 나위 없이 안셀름이 보여주는 인간의 죄에 대한 '성육신(Incarnation)'이라는 하나님의 법(forensic)적인 근거에서 출발하여 그리스도의 십자가라는 객관화된 루터의 신앙고백적 요소를 잘 나타내 보여주고 있습니다.⁷⁵

이제 마태복음서 26장 38절 부분을 보지요. 복음사가와 예수가 이야기하듯 나누는 대화에서 예수의 서창으로 나타나는 비통한 말씀:

바리톤 서창: 예수

내 마음이 심히 고민하여

　Meine Seele ist betrübt

죽게 되었으니

　bis an den Tod,

너희는 여기 머물러

bleibet hie

나와 함께 깨어 있으라.

und wachet mit mir.[76]

이 말씀에 합창단은 이렇게 질문합니다.

코랄
주님의 괴로움이 어이된 일입니까?

Was ist die Ursache aller solcher Plagen?[77]

물론 이 질문과 대답 사이에 테너 서창으로, 앞에서 인용된 라이마루스의 말을 반박이라도 하듯, 그리스도의 영이 고민하는 것은, 하늘에 계신 아버지가 그를 위험과 죽음에서 구하기 위해 오시지 않았다는 실망감 때문이 아니라, 우리의 죗값을 대신한다는 고통 때문인 것으로 표현합니다.

테너 서창
오 그 고통! 괴로운 마음으로 떨고 있네

O Schmerz! Hier zittert das gequälte Herz!

축 처진 어깨 창백해진 얼굴

Wie sinkt es hin, wie bleicht sein Angesicht!

심판자가 그를 법정으로 끌고 가네

    Der Richter führt ihn vor Gericht,

위로도 없고 돕는 자도 없네

    Da ist kein Trost, kein Helfer nicht.

그 홀로 지옥의 모든 고통을 견디시니

    Er leidet alle Höllenqualen,

그것은 타인의 범죄로 인함이로소이다.

    Er soll für fremden Raub bezahlen.[78]

한편 합창단은 "주님의 괴로움은 어이 된 일입니까?" 하는 질문 후 고백하기를:

내 죄 때문에 주께서 매질 당하셨나이다.

    Ach! meine Sünden haben dich geschlagen.

오 예수여 주님이 짊어지신 그 고통,

    Ich, ach Herr Jesu, habe dies verschuldet,

나의 죄 탓이로소이다.

    Was Du erduldet![79]

그리스도가 겟세마네와 십자가에서 당한 고독과 버림받음은 그가 대신 짐을 진 사람들의 범죄 때문이고, 그리스도는 이 벌을 대신 받고 있는 것입니다. 형벌 없이는 하나님을 만족케 할 그 어떤 것도 없습니다. 안셀름의 객관적이며 법적인 이해(forensic idea)의 틀이 여기에도 잘 나타납니다.[80]

대속의 그리스도, 그는 철저한 순종으로 아버지 하나님의 뜻을 이루신 분이라는 바흐의 해석은 매우 돋보입니다. "아버지여 만일 내가 마시지 않고는 이 잔이 내게서 지나갈 수 없거든 아버지의 원대로 되기를 원하나이다"라는 겟세마네에서의 예수님의 기도(마태 26:42) 후 이를 뒷받침하듯 마치 후광의 역할을 하는 합창 마지막 부분에 실존적 연민의 정뿐 아니라 신학적 깊이와 복음적인 아이러니까지 가져다주는 사실을 보아도 잘 알 수가 있습니다.

> 하나님의 뜻은 언제나 이루어지리
>
> Was mein Gott will, das g'scheh allzeit
>
> 하나님의 뜻 그것은 가장 좋은 것.
>
> Sein Will, der ist der beste.
>
> ....
>
> 하나님을 믿고, 그 위에 집을 짓는 자
>
> Wer Gott vertraut, Fest auf ihn baut,
>
> 하나님은 결코 버리시지 않도다.
>
> Den wird er nicht verlassen.[81]

왜냐하면, 여기에서 "아버지의 뜻이 이루어지이다"라고 기도한 분, 바흐가 합창으로 후광(halo)을 머무르게 해서 표현한 분, 그분이 바로 하나님 아버지에 의해 완전하게 버려진 분이기 때문입니다. 아버지에 의해 버림받은 그리스도의 고뇌와 슬픔을 인간이 지은 죄에 대한 예수 그리스도의 대리 속죄로 해석하는 정통적인 신앙은 같은 사건에 대한 라이마루스의 견해와는 매우 큰 대조를 이룹니다.

〈마태수난곡〉의 제1부를 마무리하는 합창곡 서두인 "오 사람들이여 그대들의 죄가 얼마나 큰가를 슬퍼하라(O Mensch, bewein dein Sünde grosz)"는 인간의 죄에 대한 예수 그리스도의 속죄를 요약합니다.[82] 이 가사에서 빌립보 2장의 말씀처럼 그리스도는 자신을 비웠으며, 사람들이 안타까워하는 그 '비통한 죄' 때문에 지상에 오신 것이라고 신학적인 해석을 가하고 있습니다. 그리스도는 '우리를 위하여' 인간으로 오셨다는 것입니다. 모든 교회의 신앙고백이라고 할 수 있는 니케아 신경에서도 이 점을 강조하는데, 바흐의 이 합창은 훨씬 더 명확하게 표현하고 있습니다.

코랄

오 사람들이여
    O Mensch,

그대들의 죄가 얼마나 큰가를 애통해 하라.

    bewein dein Sünde grosz,

그 죄 때문에 그리스도께서는

    Darum Christus

아버지의 품을 떠나

    seins Vaters Schosz Äussert

이 땅에 오셨음이라.

    und kam auf Erden;

동정녀에게서

    Von einer Jungfrau rein und zart

그가 태어난 것은

    Für uns er hie geboren ward,

우리 죄를 대속하시는 중보자되시려 함이라.

    Er wollt der Mittler werden.[83]

  신약성서에서의 표현대로 하나님과 인간 사이의 유일한 중보자인 그리스도는 우리를 위한 몸값으로 자신을 주셨습니다. 물론 그리스도가 그의 몸값을 지불하는 대상은 여기서 하나님입니다. 죄 사함을 위해서는 형벌이 불가피합니다. 형벌을 피할 길은 없습니다. 그러나 인간에게는 그의 죄의 무게 때문에 형벌을 받을 만한 여유나 능력이 전혀 없고, 더 나아가 인간은 하나님의 명예를 회복시켜 드릴 수가 없습니다. 인간이 감당할 수 없는 바로 그 형벌을 하나님이 인간으로 오신 '하나님-인간' 되신 중보자 그리스도가 대신 담당하심으로 창조주 하나님의 명예가 회복되어 인간의 죄가 해결됩니다.[84]

이어서 제1부 마무리 합창곡은, 그리스도가 죽은 자에게 생명을 주고 모든 병든 자를 치료한 기적을 표현함으로 루터가 강조하던 것처럼 십자가의 중요성을 다시 한번 부각시키고 있습니다.

> 죽은 자에게 생명을 주시고
> Den Toten er das Leben gab
> 모든 병든 자 고치셨건만
> und legt darbei all Krankheit ab,
> 이제는 희생의 때가
> Bis sich die Zeit herdrange,
> 오고 말았구나
> Dasz er für uns geopfert würd,
> 우리의 죄 무거운 짐 대신 지시고
> Trüg uns der Sünden schwere Bürd
> 십자가에 달리시도다.
> Wohl an dem Kreuze lange.[85]

가장 깊은 죄의식은 그 대가인 형벌을 하나님께 지불하는 데서 표현됩니다. 그리스도는 십자가에 달려 인간 대신 죽으시는 희생을 치르시고 인간 구원을 완성하십니다. 이 죽음에 이르는 속죄의 중요성은 그 출발이 인간의 철저한 죄의식, 즉 헤아릴 수 없는 무거운 죄의 짐을 인식하는 데에서 시작됩니다.[86] 단순하지만 그의 죽으심은 인간 구원이 그 목적인 것입니다.[87]

이 논리는 고전적인 두 종류의 죄의식 사이의 대조에서 쓰입니다. 즉 베드로와 유다의 죄의식을 말합니다. "베드로는 밖에 나가 심히 통곡하더라"(마태 27:75)는 말에 붙여진 화려한 장식은 전체 〈마태수난곡〉에서 아마도 가장 뛰어난 부분일 것인데, 잠시 후 복음서의 매우 단순한 말씀, "유다는 스스로 목매어 죽으니라"(마태 27:5)라는 말에서 다시 기억될 때 더욱 인상적인 것이 됩니다. 바흐는 "스스로 목매어 죽으니라"라는 부분에는 평범하고 장식 없는 서창을 붙입니다.[88]

그 뒤에 나오는 영창은 "잃어버린 아들(der verlorene Sohn)"이 어떻게 "예수를 판 대가인 사례금"을 거절하는가를 묘사하는데, "나의 예수를 돌려주오(Gebt mir meinen Jesum wieder)"라는 비통한 베이스 솔로의 외침으로 시작됩니다.[89] 그리스도의 수난이라는 같은 사건 앞에서 "왜 베드로와 유다는 서로 다른 반응을 하였는가?" 하는 것에 대한 심리학적이며 신학적인 신비는 사실 오랫동안 신학도들을 괴롭혀 온 문제였습니다. 개신교의 대표적인 신앙고백인 '아우크스부르크 신앙고백'에 보면 "유다와 베드로의 회개를 다르게 한 것은 신앙 때문이다"라고 했을 뿐입니다. 그러나 실제로 이것은 신비를 한층 더 깊게 했을 뿐 해결의 길을 제시해 준 것은 아니었습니다. 바흐도 역시 이를 미해결인 상태로 남겨두고 있습니다.

더욱 깊고도 신비로운 대조는 안셀름의 구원론 한복판에 있습니다. 이것은 죄 없는 자가 죄 지은 자의 구원을 위해 죽어야 한다는 것입니다. 〈마태수난곡〉에서 클라이맥스를 이루는 십자가의 사건에 가까워지면서 이 대조는 반복해서 나타납니다. 이 대조는 빌라도가 무심코 뱉은 말, 그러나 옳은 말, "무슨 악한 일을 하였느냐?"(마태 27:23)는 말과, 그의 독선적인 그러나 역시 옳은 고백인 "이 사람의 피에 대하여 나는 무죄하니"(마태 27:24)에 바흐가 붙인 베이스에서 잘 나타납니다.[90] 그리스도의 무죄를 선언하는 빌라도의 말 바로 전에 합창단은 합창곡 "예수를 십자가에 못 박으시오"를 다시 부릅니다. 이 두 부분은 극적으로 '죄 없으신 그리스도'라는 이 중요한 점이 로마 총독의 이해력과 통제력(요한 19:10)을 훨씬 초월하는 것임을 강하게 암시합니다. 합창단은 그 놀라움을 이렇게 표현합니다.

이처럼 기이한 형벌이

    Wie wunderbarlich ist

어찌 있을 수 있단 말인가?

    doch diese Strafe!

선한 목자가

    Der gute Hirte

양 대신 고난을 받고 희생되어

    leidet für die Schafe,

의로우신 주님께서

    Die Schuld bezahlt der Herre,

자기의 종 대신

    der Gerechte,

부채를 지불하는구나.

    Für seine Knechte.[91]

무엇보다도 십자가 그 자체가 수난 이야기에서 가장 깊은 신비의 충격을 느끼게 해줍니다. 즉 주님이시요 하늘과 땅의 창조주께서 죄 많은 피조물들을 위해 십자가에 자신의 생명을 바쳐 죽으심으로 구원의 신비를 이루시는 것입니다. 모세의 율법에 "나무에 달린 자는 하나님께 저주를 받았음이라"(신 21:23)라는 구절을 사도 바울이 십자가를 설명하기 위해

인용합니다. 사도 바울은 또 신명기를 인용하여 "그리스도께서 우리를 위하여 저주를 받은 바 되사 율법의 저주에서 우리를 속량하셨다"(갈 3:13)고 십자가의 내용을 설명합니다. 바울의 말을 바흐가 재해석하여 붙인 가사와 이 가사에 붙인 알토 솔로곡(영창)은 죽음과 구원이라는 두 요소를 역설적으로 묶어 기독교의 핵심 내용을 음미하게 해줍니다(고전 2:8). 지상의 권력이 영광의 주님을 십자가에 처형했다고 하는 바울의 메시지에 자신의 가사를 덧붙임으로 극적인 효과를 배가시킵니다. 이렇게 해서 바흐는 그리스도를 "죄인을 위해 대신 죽는 죄 없는 자"라는 안셀름의 대속적인 차원을 넘습니다. 그리고 그리스도를 "십자가에서 하나님의 저주를 스스로 받는 자"라는 루터의 십자가 중심의 신성의 차원으로 승화시킵니다.

아! 골고다, 저주받은 골고다!
 Ach Golgatha, unseliges Golgatha!
영광의 주께서 이곳에서
 Der Herr der Herrlichkeit
갖은 모욕 받으시고 돌아가셔야만 하다니
 musz schimpflich hier verderben
세상의 축복이요 인류의 구원자이신 분이

Der Segen und das Heil der Welt

저주받은 자로 십자가에 달리셨구나.

　　wird als ein Fluch ans Kreuz gestellt.

하늘과 땅의 창조주가

　　Der Schöpfer Himmels und der Erden

세상에서 거절당하시고

　　Soll Erd und Luft entzogen werden.

죄 없는 사람이 죄인으로

　　Die Unschuld

죽어야 한다니

　　musz hier schuldig sterben,

그것이 나의 영혼을 슬프게 하도다

　　Das gehet meiner Seele nah;

아! 골고다, 저주받은 골고다.

　　Ach Golgatha, unseliges Golgatha![92]

　그리스도께서 십자가에 달려 죽으심으로 속죄가 이루어졌습니다(요한 19:30). 그리고 이제 우리의 죄를 그에게 전가시킨 일은 끝이 납니다.

　만일 〈마태수난곡〉을 교리를 다룬 논문으로서 해석한다면, 그것은 라이마루스의 이론에 반대하여 그리스도의 죽음은 하나님의 공의를 위해 예수 그리스도가 자발적으로 행한 속죄의 행위로 보는 정통적인 해석을 옹호하는 것이라고 볼 수 있습니다. 바흐 시대의 일부 신학자들이 "예수와 그의 사도들의 의도"에 대해 생각한 것과 달리, 바흐는 마태복음서에 나타난 주의 고난과 대속을 표현함에 있어 안셀름이 처음 체계화한 그 틀 안에서 작업하는 데 상당히 만족했다고 볼 수 있습니다.

그러나 바흐의 〈마태수난곡〉은 교리에 관한 논문이 아닙니다. 그 가사는 성서를 중심으로 한 시적인 표현의 신앙고백적 가사이지만, 섬세한 음악적 터치로 강렬한 종교적 감정을 이끌어 낸다는 것에 더 의의가 있습니다. 따라서 신학에서, 특히 안셀름의 신학에서 고려해야 할 텍스트는 합리적-변증적 논문인 안셀름의 『왜 하나님은 인간이 되셨는가』가 아니라, 오히려 정서적이고 경건한 작품인 안셀름의 『인간 구원에 대한 명상』입니다.

종교개혁 이후의 개신교 역사가 폭넓게 보여주었듯이 구원에 대한 만족설이 점점 '헌신'에서 '교리'로, 그리고 '묵상과 기도'에서 '체계적 신학'으로 변하면서 많은 문제점들이 생겨났습니다. 신론이 그렇고, 예수 그리스도의 삶에 대한 묘사가 그렇고, 또 성서 해석의 문제 같은 것들이 그렇습니다. 예배의식과 성례전적 분위기를 제거함으로써 무미건조하게 하거나, 아니면 반대로 십자가의 신비를 그의 몸값을 요구하는 하늘의 폭군처럼 생각하게 하는 것 등이 그 예가 됩니다. 바흐의 〈마태수난곡〉은 '보상(perfection)'을 기독교 복음의 중심 되고 기본적인 주장을 노래하는 분위기로 바꿈으로써 '보상'의 원래의 정신을 되찾게 하는 것에 일조를 하고 있습니다.

신실한 루터교 신앙을 가진 바흐가 〈마태수난곡〉에서 종교개혁과 함께 중세신학의 새발견에 도달했다는 것은 참으로 특기할 만한 일입니다. "오 피투성이가 된 그의 머리(O Haupt voll Blut und Wunden)"는 독일어판 중세 찬송가였고, "아름다운 예수(Herzliebster Jesu)"는 중세 묵상을 운문화한 것이며, 그리고 죄 없는 그리스도의 죽음을 통해 하나님의 공의를 충족시킨 것으로서의 구원의 교리는 바로 중세의 교리 속에 있는 것이었습니다.

〈마태수난곡〉에서 그리스도의 부활에 대한 유일한 명시적 언급은 예수의 반대자들의 말로 표현되며, 예수의 반대자들은 예수가 부활을 예언했음을 상기합니다.

주여, 저 유혹하던 자가
　Herr, wir haben gedacht,
살아 있을 때 말하되:

dass dieser Verführer sprach,

내가 사흘 후에

da er noch lebete:

다시 살아나리라 한 것을

"Ich will nach dreien Tagen

우리가 기억하노니

wieder auferstehen."

그러므로 분부하여 그 무덤을

Darum befiehl, dass Grab verwahre

사흘까지 굳게 지키게 하소서.

bis an den dritten,

그의 제자들이 와서

auf dass nicht seine Jünger kommen

시체를 도적질하여 가고

und stehlen ihn

백성에게 말하되

und sagen zu dem Volk:

그가 죽은 자 가운데서 살아났다 하면

Er ist auferstanden von Toten,

후의 유혹이

und werde der letzte Betrug ärger

전보다 더할까 하나이다.

denn der erste![93]

그러나 신앙공동체를 대변하는 아리아와 합창에서는 부활에 대한 언급이 없습니다. 그 이유는 언급할 필요가 없기 때문입니다. 안셀름이 말하는 그리스도는 그의 십자가에 달리신 죽음으로 구원을 이루시는 분입니다. 즉 예수 그리스도의 인격 안에 동시에 하나님이시면서 인간이신 분으로 존재하시기 때문에 가능한 분으로 하나님께서 만족하실 수 있는 보상을 드릴 수 있는 분이요 모든 인류를 대신할 수 있는 보편타당하게 적용될 수 있는 분입니다. 인간 구원에 있어서 만족설을 주장하는 안셀름의 전통적인 견해에 부활을 덧붙이는 것은 그리스도를 죽음에서 부활시킴으로써 하나님 자신이 만족했음을 선언하는 확인입니다. 루터에게 있어서도 부활의 내용보다 십자가의 고난으로 하나님의 의가 성취되었다고 하는 점이 주요하다는 것과 같은 맥락입니다.[94]

"십자가 중심"과 "하나님의 공의를 만족시킨다"는 점은 안셀름과 루터의 공통된 시각입니다. 이것은 전형적인 서방 라틴교회(Latin Church)의 특징입니다. 그래서 부활과 영광의 신학을 같은 위치에 놓는 동방교회(Greek Orthodox Church)와는 거리가 있음을 보여주는 것이기도 합니다. 서방 라틴교회의 전통을 따랐던 바흐에게도 십자가의 신학이 중요한 것이었습니다. 오히려 부활은 그에게 보상이론(만족설)이 불충분했던 이유일 뿐이었습니다. 그것도 직접적인 부활 언급이 아니라 간접적인 방법으로 영창이나 합창이 아닌 서창에서만 예언을 상기시킬 뿐이었습니다. 그것은 바흐가 '구원'의 중심요소가 '죄지은 인간'과 '십자가의 고난을 당하신 그리스도'에게 있음을 뚜렷하게 보여주려는 의도입니다.

제8 장

바흐의
신학적 연주를
마치며

한 시대가 지나가고 새 시대가 오면서 그 시대의 역사적인 역할을 훌륭히 완수한 인물들이 있습니다. 바흐야말로 손색이 없는 인물입니다. 바흐의 시대는 새로운 기운이 막 치솟기 시작하는 때였지만 시대적인 요구에 부응하기에 앞서 과거의 전통을 점검해 그가 취해야 할 태도를 결정해 나간 것은 오늘을 사는 우리에게 시사해 주는 바가 큽니다.

바흐는 '안셀름의 구속 이해'와 '루터와 십자가 신학'의 터 위에 서 있었습니다. 여기서 그는 성서적인 내용을 음악으로 나타낼 수 있었습니다. 동시에 십자가의 중요성과 죄의 용서와 같은 분명한 신학적 입장을 취할 수 있었습니다. 물론 그 안에서 고대교회의 구속 이해가 자연스럽게 흡수되었습니다. 그리고 또 중세를 대표하는 안셀름의 만족설이라는 구속 이해를 자신의 것으로 소화하여, 바흐는 성서로부터 고대교회, 중세교회, 종교개혁을 관통하는 신앙의 내용을 재확립하였습니다.

〈마태수난곡〉에서 바흐는 안셀름을 받아들였지만 다른 대작 중의 하나인 〈요한수난곡〉에서는 루터의 '승리자 그리스도'라는 주제를 강력히 피력하고 있습니다. 그는 구속 이해에 관한 한 한쪽으로 치우치지 않는 공평한 역사 인식을 보여줍니다.[95] 루터의 개혁적 신학의 새로운 관점에서 옛 교회의 전통을 소화하는 원숙한 신학적 표현을 음악으로 나타내 주고 있습니다. 새 시대의 요구를 옛 신앙 내용의 음악화를 통해 조화를 이룬 것은 마치 고대교회의 레오 1세가 알렉산드리아 신학과 안디옥 신학의 대립 속에서 '비창조적 균형과 일치'를 이룬 것과도 흡사하고, 루터가 한편으로는 로마 가톨릭교회의 전통을 거부했지만 또 다른 한편으로는 급진적 개혁주의도 경계해 신앙적이고도 성서적인 균형을 이룬 것과도 흡사합니다. 그것은 바흐도 중세 말부터의 전통이었던 독일 합창곡들을 그대로 사용하기보다 콘서트와 같은 연주 형태로 교회 안으로, 예배 안으로 끌어들여 시대적인 요구도 해소하면서 동시에 복음의 핵심적인 표현양식을 지켜 나간 것만 보아도 알 수 있습니다. 바흐는 이러한 균형을 이루면서도 언제나 성서적 복음이나 십자가를 균형의 중심에 두는 것에는 결코 양보하지 않았습니다.

바흐의 이러한 위치는 프로테스탄트 스콜라티시즘의 영향으로 화석화되는 길을 걷고 있는 신앙을 음악과 음악에 따르는 예전적 표현으로 활력화시키는 데 큰 기여를 했습니다. 우리가 살펴본 바대로 바흐는 안셀름의 만족설(보상설)을 따르고 있으나 『왜 하나님은 인간이 되셨는가(*Cur Deus Homo*)』를 저술한 관점에서의 안셀름을 따르는 것이 아니라 『인간 구원에 대한 명상(*Meditation on Human Redemption*)』을 저술한 관점에서 안셀름의 입장을 따른 것입니다. 그러므로 바흐는 교리 자체보다는 그 교리 속에 보이지 않게 자리하고 있는 신앙적 정서를 교회음악과 예전(Liturgy)을 통한 방법으로 구원 이해를 지향한 것입니다. 이런 점에서 보면 바흐는 교회 역사 속에서 자주 나타나는 화석화된 교리의 개혁 방향을 제시하는 역사의 바람직한 모델을 보여준다고 할 수 있습니다.

바흐는 단지 새로운 것을 창조해서 문제의 해결을 이끈 것이 아니라, 성서로부터 고대교회, 중세교회, 종교개혁에서 언급되고 재확인된 신앙 내용을 음악이란 수단으로 새롭게 통전적으로 표현했습니다. 이것은 신학적으로 이레니우스와

빈센트, 레오 1세의 '비창조적 신학'이라는 틀과 같은 구조를 가지고 있습니다. 바흐가 교회사에 나타난 여러 신학자들과 같은 양태의 틀을 사용하고 그 대본(text)이 성서이며, 또한 전통적인 교회의 예전적 양식에 정통해 있는 바흐가 음악적 표현을 통해 구원의 메시지를 나타내는 것이라면, 바흐 그는 분명히 신학자입니다. 바흐는 〈마태수난곡〉에서 십자가의 의미를 강조하며 성서적 본문을 사용함으로써 메시지를 전달하는 신학자의 사명과 자질을 우리에게 충분히 보여주었습니다. 바흐 그는 훌륭하게 신학자의 소임을 다했습니다.

주

제1장_ 왜 바흐의 마태수난곡으로 초대하는가?

[1] 바흐의 신앙과 신학을 다룬 논문들 Calvin Stapert, "Liturgical and Theological Traditions in Bach's St. Matthew Passion," Perspectives (*A Journal of Reformed Thought*) 8 (April 1993): 17-20; C. B. Naylor, "Bach's Interpretation of the Cross," *Theology* 78, no. 662 (August 1975): 397-404; L. David Miller, "J. S. Bach's Bible," *The Hymn* 25 (January 1974): 14-28; David R. Maxwell, "Theological Symbolism in the Organ Works of J. S. Bach," *Concordia Journal* 19, no. 2 (April 1993): 148-62; Christopher Trautmann, "J. S. Bach: New Light on His Faith," *Concordia Theological Monthly* 42, no. 2 (February 1971): 88-99; Robin A. Leaver, "J. S. Bach's Faith and Christian Commitment," *The Expository Times* 96 (March 1985): 168-73; Robin A. Leaver, " Bach and Pietism: Similarities Today," *Concordia Theological Quarterly* 55, no. 1 (January 1991): 5-22; Paul S. Minear, "Matthew, Evangelist, and Johann, Composer," *Theology Today* 30, no. 3 (October 1973): 243-55 등에는 신학자라는 표현이 전혀 없다. 바흐를 신학자로 이해한 글로는 다음을 추천한다. Calvin

Stapert, "Bach as Theologian: A Review Article," *The Reformed Journal* 37 (May 1987): 19-27 과 Jaroslav Pelikan, *Bach: Among Theologians,* Philadelphia: Fortress Press, 1986.

[2] Ilku Kang, "Ecumenical Model in the Theology of Leo the Great," (Ph.D. diss., Drew University, 1992), 12-27.

[3] 요아킴 카이저 힌, 이호인 역, Archiv Produktion의 J. S. Bach: St. Matthew Passion BWV 244라는 CD의 해설 내용인 "마태수난곡 - 그 내력과 해석" 중에서 인용함. BWV는 슈마이더(Wolfgang Schmieder) 의 *Thematisch-systematisches Verzeichnis der musikalischen Werke von Johann Sebastian Bach, Bach-Werke-Verzeichnis*, Leipzig, 1950을 줄인 것으로 이하 BWV로 줄여 쓴다.

[4] 슈바이처(Albert Schweitzer)에 의하면, "모짜르트(Mozart)는 순수한 음악인이다. 그는 가사(text)를 받아 그 가사에 옷을 입혀 아름다운 음악으로 나타낸다. 한편 바흐(Bach)는 그 가사를 깊이깊이 연구하고 철저하게 분석하여 가사가 전달하려는 주된 내용을 완전히 습득한 다음에야 비로소 거기에 음악적인 표현을 붙인다. 헨델(Handel)은. . .." (Charles R. Joy, ed., *Music in the Life of Albert Schweitzer* [Boston: Beacon Press, 1959], 129). 여기서 바흐가 사용했던 가사는 바로 기독교의 성서 또는 성서를 약간 해석해 쓴 것을 말한다.

[5] Vincent of Lérins, *A Commonitory* 2.6, vol. 11 of *A Select Library of Nicene and Post-Nicene Fathers of the Christian Church*, edited by Philip Schaff and Henry Wace, 2nd ser. (New York: Christian Literature Co., 1895, repr., Grand Rapids, Mich.: Wm. B. Eerdmans Publishing Co., 1979)(이하 이 시리즈는 NPNF라 부른다); Leo *Letter* X 2, vol. 12 of NPNF, 2nd ser., 9; 또는 Angelo Di Berardino, ed.,

Patrology: The Golden Age of Latin Patristic Literature from the Council of Nicea to the Council of Chalcedon, trans. Placid Solari, intro. Johannes Quasten, vol. 4 (Westminster, MD.: Christian Classics, 1986), 600을 보라. 그리고 이 문제에 대한 역사 신학적인 자세한 검증과 평가는 Ilku Kang, "Ecumenical Model in the Theology of Leo the Great"를 참조하라.

[6] Hans T. David and Arthur Mendel, ed., *The Bach Reader: A Life of Johann Sebastian Bach in Letters and Documents*, rev. ed. (New York: W. W. Norton & Co., 1966).

[7] Besch, "Johann Sebastian Bach," 124.

제2장_ 바흐의 바로크적 삶, 신앙, 음악세계

[8] 슈바이처(Albert Schweitzer)에 의하면 바흐는 이곳에서 오르간 음악을 작곡하기 시작했다고 전한다.

[9] 바흐는 음악감독으로 불리기를 좋아했다. 언젠가 바흐가 단지히에 있는 그의 친구 에르드만(Erdmann)에게 "나는 음악감독(Kapellmeister)이지 합창지휘자(cantor)가 아니다"라고 말한 것만 보아도 알 수 있다.

[10] 바로크(baroque)라는 말은 포르투갈어의 "barocco"에서 왔는데 다듬어지지 않은 진주라는 뜻이다. 이 말은 화려한 스타일을 대변하는 말로 17세기와 18세기 전반부에 이태리, 스페인, 프랑스에서 풍미했던 건축과 예술 스타일을 일반적으로 지칭한다.

[11] Paul Tillich, *A History of Christian Thought*, ed. Carl E. Braaten

(New York: Simon & Schuster, 1968), 377.

[12] 예를 들어, 그는 무척이나 궁전 작곡가가 되고 싶어 했는데 당시 궁전은 왕이 고급 매춘부들에게 둘러싸여 있다고 표현해야 할 정도의 분위기였다. 그런데도 그가 드레스덴 궁전에서 연주한 곡에 붙인 제목이 B단조 미사의 Kyrie와 Gloria였던 것을 보면 바흐의 바로크적인 면모가 잘 나타난다.

[13] 한때 바흐는 거리에서 젊은 오르간 연주자인 그의 제자 가이어스바흐(Geyersbach)에게 칼을 던지면서 들개 같은 놈이라고 욕설을 해댄 적이 있다. 가이어스바흐는 당연히 분개했고 고소했으며, 그 결과로 바흐는 4주간이나 구금된 적도 있다. 이렇게 그의 행위에 비해 정도에 지나친 구류를 산 것은 그 당시 흔치 않았던 일인데 아마도 군주에게 정면으로 반대하기를 서슴지 않았기 때문이었을 것이다. 바흐의 라이프치히 시절은 어려움이 가중된 시기였다. 대학, 교회, 시의회 그리고 왕과의 갈등 때문에 점점 더 궁지로 몰리게 된다. 이때 바흐는 단호했던 자신의 성격대로 왕이 그에게 사과해야 한다고까지 주장할 정도로 전형적인 바로크적인 삶의 모습을 보여준다. 이와 같은 그의 태도는 모든 사람을 그의 적으로 만들기에 충분한 것이었고 덕분에 시의원들의 징계를 받아 봉급도 감봉되었다. (Besch, "Johann Sebastian Bach," 129를 보라).

[14] 물론 여기서 부활을 이야기하는 것은 다소 무리가 있어 보이기는 한다. 왜냐하면 바흐의 〈마태수난곡〉은 십자가가 중심이지 부활에 그 초점이 맞추어져 있는 것은 아니기 때문이다. 그러나 그의 전반적인 작품, 특히 〈요한수난곡〉을 염두에 둔다면 충분히 이해할 수 있으리라고 본다.

[15] Besch, "Johann Sebastian Bach," 133.

[16] Besch, "Johann Sebastian Bach," 134.

제3장_ 바흐의 신학적 배경과 루터의 영향

[17] David and Mendel, ed., *The Bach Reader*, 238.

[18] 1938년도의 *Friends Quarterly Examiner* 지에 "Bach, the Quaker's Musician"이라는 기사가 나왔고, 1966년의 로마 가톨릭 주간지 *Osservatore Della Domenica*에는 "충성되고 헌신적인 바흐 그는 더 이상 요한 세바스찬이 아니라 '성자 바흐(Saint Bach)'다"라는 표현도 등장했다. Robin A. Leaver, "J. S. Bach and Scripture"의 14쪽 참조.

[19] Friedrich Smend, "Luther and Bach," *The Lutheran Quarterly* 1 (1949): 400.

[20] Calvin Stapert, "Bach as Theologian," *The Reformed Journal* 37 (May 1987): 20.

[21] C. S. Lewis, *Mere Christianity* (New York: Macmillan Co., 1960), viii 'Preface' 참조.

[22] 바흐의 작품에 대한 비판적 연대기를 작성하는 일에는 여러 학자들이 관여하고 있는데 그중 대표적인 학자들로는 비터(C. H. Bitter), 슈핏타(Phillip Spitta), 뒤르(Alfred Dürr), 다델센(Georg von Dadelsen), 불룸(Friedrich Blume), 펠리칸(Jaroslav Pelikan), 스틸러(Günter Stiller) 등을 들 수가 있다.

[23] Günter Stiller, *Johann Sebastian Bach and Liturgical Life in Leipzig* (St. Louis: Concordia, 1984), 39.

[24] Stapert, "Bach as Theologian," 22-23.

[25] 바흐의 서재에 있는 Johannes Olearius의 세 권으로 된 두꺼운 책 *Biblischen Erklärung*, Pfeiffer의 *Kern und Saft der Heiligen Schrift*, 그리고 Müller의 *Apostolische Schluss-Kette* 등은 모두 루터교회의 엄격

한 정통적 입장을 대변해 주고 있다.

[26] 그 외에도 그의 서재에는 로마 가톨릭교회를 반박하는 Martin Chemnitz의 *Examen Concilii Tridentini*, Klinger의 *Warnumg vor dem Abfall von der lutherischen Religion*, 그리고 칼빈주의에 대해 비판적인 Pfeiffer의 *Evangelischen Augapfel*과 Stenger의 *Grundfests der Augsburgischen Confession* 등이 있다. (Smend, "Luther and Bach," 403).

제4장_ 바흐를 위한 고대교회의 유산

[27] 그 주장들의 예를 들자면, 영지주의(Gnosticism), 마르시온주의(Marcionites), 모나키안이즘(Monarchianism), 유티케스(Eutyches)의 주장들, 네스토리우스(Nestorius)의 주장들, 펠라기우스(Pelagius)의 주장들 등을 들 수 있겠다.

[28] Vincent of Lérins, *A Commontory* 2.6, 132.

[29] 중세 말까지 갈보리에서의 그리스도 희생과 함께 성례전적 예배에 대한 희생 이해는 일반적으로 예배와 신조의 전제조건으로 받아들여졌다.

[30] *I Clement* 36, vol. 1 of *The Ante-Nicene Fathers: Translations of the Writings of the Fathers down to A.D. 325*, edited by Alexander Roberts and James Donaldson (Grand Rapids, Mich.: Wm. B. Eerdmans Publishing Co., 1979, repr.), 14-15 (이하 이 시리즈는 ANF라 부른다); *The Didache* 9.3 in *The Apostolic Fathers*, ed. and rev. Michael W. Holmes, tr. J. B. Lightfoot and J. R. Harmer, 2nd ed.

(Grand Rapids, Mich.: Baker Book House, 1989), 154; *The Letter of Ignatius to the Ephesians* 7.2 in *The Apostolic Fathers*, 88.

[31] Irenaeus, *Against Heresies* 3.16.6; 3.18.1, vol. 1 of ANF, 443, 446.

[32] Gregory of Nyssa, *The Great Catechism* 26, vol. 5 of NPNF, 2nd ser., 488-89.

[33] Ibid.

[34] Gregory of Nyssa, *The Great Catechism* 25, 495.

[35] Gregory of Nyssa, *The Great Catechism* 24, 494.

[36] Gustaf Aulén, *Christus Victor: An Historical Study of the Three Main Types of the Idea of the Atonement* (New York: Macmillan Publishing Co., 1969.) 아울렌의 속죄이론은 각기 강점과 약점을 가지는데, 강점은 성육신(Incarnation)과 대속(Atonement)을 하나님의 구원의 목적에서 함께 이해할 수 있다는 데 있고, 약점은 십자가의 중요성이 약화돼 있다는 점이다. 필자의 생각에는 루터를 이 범주에 넣고 해석하는 것은 구원론(doctrine of salvation)에 관심을 가진 고대 교부들에게 그보다 덜 관심을 가지는 네 종류의 대속이론(theories of atonement) 중 그것도 하나에만 지나치게 집중하는 인상을 준다고 여겨진다.

[37] Athanasius, *On the Incarnation of the Word* 9, vol. 4 of NPNF, 2nd ser., 40-41; *Defence of the Nicene Definition* 14, 159; *Four Discourses Against the Arians* 1.44, 332.

[38] Gregory of Nazianzen, *Oration* 45.22, vol. 7 of NPNF, 2nd ser., 431.

[39] J. N. D. Kelly, *Early Christian Doctrines*, rev. ed. (New York: Harper & Row, Publishers, 1978), 452. 참고로, 이 문제에 관해서는 아

울렌이 하르낙(Adolf von Harnack)을 공격하고 있다. 하르낙은 동방교회가 오직 '성육신'을 중심으로 발전했기 때문에 '희생이라는 생각'과는 거의 관계가 없으므로 동방교회의 희생이론이나 그것이 서방에서 발전 했다는 이론은 성립하지 않는다고 보는 것이다. (William J. Wolf, "The Greek and Latin Theories of Atonement," *No Cross, No Crown: A Study of the Atonement* [Garden City, New York: Doubleday & Co., 1957], 100).

[40] Augustin of Hippo, *Enchiridion* 41, vol. 3 of NPNF, 1st ser., 251; *The City of God* 10.20 (Harmondsworth, Middlesex, England: Penguin Books, 1984), 400-401.

제5장_ 바흐를 위한 중세 안셀름의 신학

[41] 캔터베리의 안셀름(Anselm of Canterbury, 1033-1109)은 어거스틴(Augustine of Hippo)이 사망한 430년부터 토마스 아퀴나스(Thomas Aquinas)가 탄생한 1225년까지의 800년 동안 서구 중세 기독교의 가장 중요한 사상가 중의 하나로 인식되고 있으며 대표적인 저작은 *Monologia; Proslogia; Cur Deus Homo* 등이 있다.

[42] Anselm of Canterbury, *Why God became Man and The Virgin Conception and Original Sin*, trans., intro. and notes by Joseph M. Colleran (Albany, New York: Magi Books, 1969), 85, 106, 116.

[43] Anselm, *Why God Became Man*, 88-90.

[44] Anselm, *Why God Became Man*, 103-106.

[45] Anselm, *Why God Became Man*, 108-110.

[46] Anselm, *Why God Became Man*, 116-18, 124-26.

[47] Anselm, *Why God Became Man*, 155-59.

[48] Anselm, *Why God Became Man*, 116-18.

[49] Anselm, *Why God Became Man*, 159-62.

[50] Anselm of Canterbury, *Anselm of Canterbury*, trans. Jasper Hopkins and Herbert Richardson, 4 vols. (Lewiston, N.Y.: Edwin Mellen Press, 1974), 3:6 (Preface).

[51] Anselm, *Anselm of Canterbury*, 1:137-44.

[52] Ibid.

[53] 종교개혁자들이 '보상(satisfaction)'이라는 생각에 반대한 이유는 아마도 이것이 중세의 고해성사로 발전했으며, 고해성사는 회개와 적당한 고백 후에 고해자가 보상을 통해 죄의 결과를 고쳐 나가도록 하는 방향으로 발전되었다는 점에 있을 것이다. 특히 이 같은 생각은 이미 1517년에 작성된 루터의 95개 조문으로부터 반대를 받았고(Martin Luther, "*Explanations of the Ninety-Five Theses, 1518*," in *Career of the Reformation*: I, ed. Harold J. Grimm, vol. 31 of *Luther's Works*, gen. ed. Helmut T. Lehmann, American ed. [Philadelphia, Pa.: Fortress Press, 1979], 85, 95-96,113, 151), 1520년의 「교회의 바벨론 포로」에서도 분명히 언급하고 있다 (John Dillenberger, ed., *Martin Luther: Selections from his Writings* [Garden City, New York: Doubleday & Co., 1961], 151; Martin Luther, "*The Babylonian Captivity of the Church*," in *Three Treatises*, from the American Edition of Luther's Works, trans. A. T. W. Steinhäuser & rev. Frederick C. Ahrens and Abdel Ross Wentz [Philadelphia, Pa.: Fortress Press, 1960], 182-83).

⁵⁴ Martin Luther, *Lectures on Galatians* 1535 (Chapters 1-4), vol. 26 of Luther's Works, ed. Jaroslav Pelikan (Saint Louis, Mo.: Concordia Publishing House, 1963), 122-41.

⁵⁵ Jaroslav Pelikan, *The Christian Tradition: A History of the Development of Doctrine* 5 vols. (Chicago: University of Chicago, 1971-89), 4:161-62, 238, 282.

⁵⁶ Erdmann Neumeister, *Festgegründeter Beweis ··· dasz Jesus Christus für uns und unsere Sünden gnung gthan*, 2nd ed., (Hamburg, 1730), A6v-A7r.

⁵⁷ Ibid., 50.

제6장_ 바흐가 이해한 그리스도의 죽음

⁵⁸ Müller, "Johann Sebastian Bach (1685-1750)," *The Review and Expositor* 47 (1950): 338을 보라.

⁵⁹ Jaroslav Pelikan, *Bach Among the Theologians* (Philadelphia: Fortress Press), 15.

⁶⁰ Théodore Gérold, "Protestant Music on the Continent," in *The Age of Humanism 1540-1630*, ed. Gerald Abraham, vol. 4 of *New Oxford History of Music* (London: Oxford University Press, 1968), 418ff.

⁶¹ Pelikan, *Bach among The Theologians*, 21.

⁶² 이런 현대적 문장을 대표하는 것으로 당시 함부르크의 교회지도자 브로케(Brocke)가 펴낸 *Jesus, Martyred and Dying for the Sins of the*

*World, Presented in Poetic Form out of the Four Gospels*를 들 수 있는데 이 대본을 헨델(Hendel), 텔레만(Telemann), 카이저(Keiser) 등이 주로 사용했다.

⁶³ 성서신학이나 근대 및 현대신학의 지적 역사를 연구하는 대부분의 학자들은 라이마루스를 잘 알고 있을 것이다. 그것은 아마도 슈바이쳐(Albert Schweitzer)의 유명한 책 *Quest of the Historical Jesus*의 제1장이 라이마루스에 대해서 주로 쓰였기 때문일 것이다. 라이마루스에 대한 연구는 D. F. Strauss가 그의 책(*Hermann Samuel Reimarus und seine Schutzschrift für die vernünftigen Verehrer Gottes* [1862])에서 라이마루스에 대한 자세한 분석을 해놓고 있다. 또 라이마루스의 "On the Resurrection"과 "On the Intention of Jesus"라는 두 편의 문제 논문과 슈트라우스의 논문들이 수록된 C. H. Talbert, ed. *Hermann Samuel Reimarus: Fragments*, trans. Ralph S. Fraser (Philadelphia: Fortress Press, 1970)도 참조하라.

⁶⁴ Charles H. Talbert, "Introduction," in *Hermann Samuel Reimarus, Fragments*, 6.

⁶⁵ 서창(敍唱: recitative)은 오페라나 오라토리오(oratorio)의 서술적 부분에 쓰이는, 거의 이야기하듯 노래하는 창법을 말한다. 영창(詠唱: aria)은 오페라나 오라토리오에 들어 있는 독창용의 기교적 선율을 말한다. 오라토리오(oratorio)는 성담곡(聖譚曲)이라고도 하는데 보통 종교적 제재(題材)를 써서 작곡되는 규모가 큰 악극, 독창, 합창, 관현악을 위한 것으로서 연주할 때에는 연기, 분장, 배경 등을 수반하지 않는다.

⁶⁶ Bach, *Matthäus-Passion*, BWV 244, no. 45b.

⁶⁷ Bach, *Matthäus-Passion*, BWV 244, no. 47.

⁶⁸ Bach, *Matthäus-Passion*, BWV 244, no. 48.

[69] Bach, *Matthäus-Passion*, BWV 244, no. 49.

제7장_ 바흐의 마태수난곡의 신학적 의미

[70] 바흐의 〈마태수난곡(Passion according to St. Matthew)〉은 그의 〈요한수난곡(Passion according to St. John)〉, 그리고 헨델(George Frideric Handel)의 〈메시아(Messiah)〉와 함께 1740년대에 만들어져 초연된 것으로 알려져 있다. 이 10년 동안에 교회음악의 대작 3곡이 함께 나타난 것이다. 〈메시아〉는 주로 성탄절에 연주되곤 하는데 그 내용의 2/3가 구약의 본문이고 나머지 1/3이 신약의 본문인 점을 생각하면 의아한 생각이 들 때가 있다. 그 내용이 특별히 성탄의 메시지에 집중하고 있지 않은데도 말이다. 그에 비해서 바흐의 수난곡들은 수난주간에 통상적으로 연주된다. 〈마태수난곡〉은 수난주일(Palm Sunday 또는 종려주일이라고도 함)에 연주되고, 〈요한수난곡〉은 수난일(Good Friday)에 연주되어 온 것이 개신교의 전통이다.

[71] Bach, *Matthäus-Passion*, BWV 244, no. 1.

[72] Ibid.

[73] Ibid.

[74] Ibid.

[75] Anselm, *Why God became man*, 2.6, 124.

[76] Bach, *Matthäus-Passion*, BWV 244, no. 18.

[77] Bach, *Matthäus-Passion*, BWV 244, no. 19.

[78] Ibid.

[79] Ibid.

[80] Anselm, *Why God became man*, 1.12, 85.

[81] Bach, *Matthäus-Passion*, BWV 244, no. 25.

[82] Bach, *Matthäus-Passion*, BWV 244, no. 29.

[83] Ibid.

[84] Anselm, *Why God became man*, 1.12, 106; 1.25, 116-18; 2.6, 124.

[85] Bach, *Matthäus-Passion*, BWV 244, no. 29.

[86] Anselm, *Why God became man*, 1.11, 84.

[87] Anselm, *Why God became man*, 2.19, 159-61.

[88] Bach, *Matthäus-Passion*, BWV 244, no. 41c (테너 서창: 복음사가).

[89] Bach, *Matthäus-Passion*, BWV 244, no. 42 (베이스 영창).

[90] Bach, *Matthäus-Passion*, BWV 244, no. 50c.

[91] Bach, *Matthäus-Passion*, BWV 244, no. 46.

[92] Bach, *Matthäus-Passion*, BWV 244, no. 69.

[93] Bach, *Matthäus-Passion*, BWV 244, no. 66b.

[94] 루터는 부활의 신학, 영광의 신학을 반박하며, 십자가의 신학, 고난의 신학을 강하게 주장한 신학자로 유명하다.

제8장_ 바흐의 신학적 연주를 마치며

[95] Jaroslav Pelikan, *Bach: Among Theologians*, 제8장을 참조할 것.

참고문헌 Bibliography

Anselm of Canterbury. *Why God Became Man and the Virgin Conception and Original Sin.* Trans., intro. and notes by Joseph M. Colleran, Albany, New York: Magi Books, 1969.

———. *Anselm of Canterbury.* Tr. by Jasper Hopkins and Herbert Richardson, 4 vols., Lewiston, N.Y.: Edwin Mellen Press, 1974.

Arnold, Denis. *Bach: Past Masters.* New York: Oxford University Press, 1984.

Aulén, Gustaf. *Christus Victor: An Historical Study of the Three Main Types of the Idea of the Atonement.* New York: Macmillan Publishing Co., 1969.

Bach, Johann Sebastian. *Matthaus-Passion* from the following edition: J. S. Bach, *Neue Ausgabe samtlicher Werke*, Pub. the Johann-Sebastian-Bach-Institut Gotingen and the Bach-Archiv, Leipzig, series II, vol. 5, edited by Alfred Durr, Barenreiter, Kassel 1972 (BA 5038)

Berardino, Angelo di. *Patrology: The Golden Age of Latin Patristic Literature from the Council of Nicea to the Council of Chalcedon.* Trans. Placid Solari, intro. Johannes Quasten, vol. 4 (Westminster,

MD.: Christian Classics, 1986.

Besch, Hans. "Johann Sebastian Bach-Citizen of Two Worlds." *The Lutheran Quarterly* 2 (May 1950): 123-34.

Blume, Friedrich. "Outlines of a New Picture of Bach." *Music and Letters* 44 (1963): 214-27.

Cassirer, Ernst. *The Philosoiphy of the Enlightenment.* Trans. by Fritz C. A. Koellen and James P. Pettegrove. Princeton: Princeton University Press, 1951.

Cross, F. L. ed. *The Oxford Dictionary of the Christian Church.* London: Oxford University Press, 1983.

David, Hans T. and Arthur Mendel, eds. *The Bach Reader: A Life of John Sebastian Bach in Letters and Documents.* Rev. ed. New York: W. W. Norton & Co., 1966.

Dillenberger, John, ed. *Martin Luther: Selections from His Writings.* Garden City, New York: Doubleday & Co., 1961.

Gay, Peter. *The Enlightenment: An Interpretation.* 2 vols. New York: Alfred A. Knopf, 1966-69.

Gérold, Th?odore. "Protestant Music on the Continent." in *The Age of Humanism 1540-1630*, ed. Gerald Abraham, vol. 4 of *New Oxford History of Music.* London: Oxford University Press, 1968.

Gilson, Etienne. *The Arts of the Beautiful.* New York: Charles Scribner's Sons, 1965.

Harries, Karsten. *The Bavarian Rococo Church: Between Faith and Aestheticism.* New Haven: Yale University Press, 1983.

Heyne, William B. "How Great Really Was Bach?" *Concordia Historical*

Institute Quarterly 58 (Fall 1985): 109-16.

Hindemith, Paul. *Johann Sebastian Bach: Heritage and Obligation*. New York: Yale University Press, 1952.

Holmes, Michael W. ed. *The Apostolic Fathers*. Trans. J. B. Ligjtfoot and J. R. Harmer, 2nd ed. Grand Rapids, Mich.: Baker Book House, 1989.

Joy, Charles R., ed. *Music in the Life of Albert Schweitzer*. Boston: Beacon Press, 1959.

Julian, John. *A Dictionary of Hymnology*. 2nd rev. ed. 2 vols. New York: Dover Publications, 1957.

Kang, Ilku. "Ecumenical Model in the Theology of Leo the Great." Ph.D. diss., Drew University, 1992.

Kallas, Endel. "Schweitzer on Bach: In Quest of the 'Musician-Poet'." *Currents in Theology and Mission* 12 (October 1985): 303-307.

Kelly, J. N. D. *Early Christian Doctrines*. Rev. ed. New York: Harper & Row, Publishers, 1978.

Leaver, Robin A. "Bach and Pietism: Similarities Today." *Concordia Theological Quarterly* 55 (January 1991): 5-22.

―――. "J. S. Bach's Faith and Christian Commitment." *The Expository Times* 96 (March 1985): 168-73.

Lewis, C. S. *Mere Christianity*. New York: Macmillan Co., 1960.

Luther, Martin. "Explanations of the Ninety-Five Theses, 1518," in *Career of the Reformation: I*. ed. Harold J. Grimm, vol. 31 of *Luther's Works*, gen. ed. Helmut T. Lehmann, American ed.

Philadelphia: Fortress Press, 1979.

———. *Lectures in Galatians 1535 (Chapter 1-4)*. Vol. 26 of *Luther's Works*, ed. Jaroslav Pelikan Saint Louis, Mo.: Concordia Publishing House, 1963.

Marshall, Robert Lewis. *The Compositioal Process of J. S. Bach: A Study of the Autograph Scores of the Vocal Works*. Vol. 1, Princeton: Princeton University Press, 1972.

Maxwell, David R. "Theological Symbolism in the Organ Works of J. S. Bach." *Concordia Journal* 19 (April 1993): 148-62.

McNeill, John T. *Calvin: Institute of the Christian Religion*. 2 vols., The Library of Christian Classics, vol. 20, Philadelphia: Westminster Press, 1960.

Miller, L. David. "J. S. Bach's Bible." *The Hymn* 25 (January 1974): 14-28.

Minear, Paul S. "J. S. Bach and J. A. Ernesti: A Case Study in Exegetical and Theological Conflict," in *Our Common History as Christians: Essays in Honor of Albert C. Outler*. John Deschner and others, eds., New York: Oxford University Press, 1975.

———. "Matthew, Evangelist, and Johann, Composer." *Theology Today* 30 (October 1973): 243-55.

Mueller, William A. "Johann Sebastian Bach." *The Review and Expositor* 47 (1950): 333-43.

Naumann, Martin J. "Bach the Preacher," in *The Little Bach Book*. ed. Theodore Hoelty-Nickel, Valparaiso, Ind.: Valparaiso University Press, 1950.

Naylor, C. B. "Bach's Interpretation of the Cross." *Theology* 78 (August 1975): 397-404.

Ogasapian, John. "Bach: The Fifth Evangelist?" *Journal of Church Music* (March 1985).

Pelikan, Jaroslav. *Bach: Among Theologians*. Philadelphia: Fortress Press, 1986.

―――. *The Christian Tradition: A History of the Development of Doctrine*. 5 vols., Chicago: University of Chicago, 1971-89.

Rilling, Helmuth. *Johann Sebastian Bach: St. Matthew Passion*. Tr. Kenneth Nafziger, Frankfurt, 1976.

Roberts, Alexander and James Donaldson, ed. *The Ante-Nicene Fathers: Translations of the Writings of the Fathers down to A. D. 325*. Grand Rapids, Mich.: Wm. B. Eerdmans Publishing Co., 1979. repr.

Sadie, Stanley, ed. *The New Grove Dictionary of Music and Musicians*. New York: Macmillan Co., 1980.

Schaff, Philip and Henry Wace. *Nicene and Post-Nicene Fathers of the Christian Church*. 28 vols. Grand Rapids, Mich.: Wm. B. Eerdmans Publishing Co., 1979, repr.

Schrade, Leo. "Bach: The Conflict between the Sacred and the Secular." *Journal of the History of Idea* 7 (1946): 151-94.

Schweitzer, Albert. *J. S. Bach*. Tr. Ernest Newman. 2 vols. New York: Macmillan Co., 1966.

Smend, Friedrich. "Luther and Bach." *The Lutheran Quarterly* 1 (November 1949): 399-410.

Spitta, Philipp. *Johann Sebastian Bach: His Work and Influence on the Music of Germany, 1685-1750*. Tr. Clara Bell and J. A. Fuller-Maitland. 3 vols. New York: Dover Publications, 1951.

Stapert, Calvin. "Bach as Theologian." *The Reformed Journal* 37 (May 1987): 19-27.

―――. "Liturgical and Theological Traditions in Bach's St. Matthew Passion." *Perspectives (A Journal of Reformed Thought)* 8 (April 1993): 17-20.

―――. "The Status of Liberty: Freedom and Law in the Music of Bach." *The Reformed Journal* 35 (March 1985): 11-14.

Steinitz, Paul. *Bach's Passions*. New York: Charles Scribner's Sons, 1979.

Stevenson, Robert. "J. S. Bach's 'Appearls to Caesar'." *Crozer Quarterly* 28 (April 1951): 127-37.

Stiller, Günter. *Johann Sebastian Bach and Liturgical Life in Leipzig*. Saint Louis, Mo.: Concordia, 1984.

Talbert, Charles H. ed. *Hermann Samuel Reimarus' Fragments*. Trans. by Ralph S. Fraser. Philadelphia: Fortress Press, 1970.

Tillich, Paul. *A History of Christian Thought*. Ed. Carl E. Braaten. New York: Simon and Schuster, 1968.

Trautmann, Christoph. "J. S. Bach: New Light on His Faith." *Concordia Theological Monthly* 42 (February 1971): 88-99.

Willey, Basil. *The Seventeenth Century Background: Studies in the Thought of the Age in Relation to Poetry and Religion*. Garden City, NY.: Doubleday & Co., 1953.

Wolf, William J. *No Cross, No Crown: A Study of the Atonement.* Garden City, New York: Doubleday & Co., 1957.

바흐, 신학을 작곡하다

2012년 3월 27일 초판 1쇄 발행
2012년 5월 1일 초판 2쇄 발행

지은이 ｜ 강일구
펴낸이 ｜ 김영호
펴낸곳 ｜ 도서출판 동연
등록 ｜ 제1-1383호(1992. 6. 12)
주소 ｜ 서울시 마포구 망원2동 472-11 2층
전화 ｜ (02)335-2630
전송 ｜ (02)335-2640
이메일 ymedia@paran.com
홈페이지 www.y-media.co.kr

Copyright ⓒ 강일구, 2012

이 책은 저작권법에 따라 보호받는 저작물이므로
무단 전재와 복제를 금합니다.
잘못된 책은 바꾸어드립니다.
책값은 뒤표지에 있습니다.

ISBN 978-89-6447-170-8 03200